俄罗斯现代实战格斗术

——桑搏

张 海 编著

北京体育大学出版社

策划编辑：力　歌
责任编辑：张　力
责任校对：吕　哲
版面设计：联众恒创

图书在版编目（CIP）数据

俄罗斯现代实战格斗术：桑搏 / 张海编著. —— 北京：北京体育大学
出版社，2020.11（2024.7 重印）
　ISBN 978-7-5644-3338-3

Ⅰ.①俄… Ⅱ.①张… Ⅲ.①摔跤技术—俄罗斯 Ⅳ.①G886.2

中国版本图书馆CIP数据核字（2020）第018681号

俄罗斯现代实战格斗术——桑搏　　　　　　　　　　　　　　　张 海 编著

出版发行：北京体育大学出版社
地　　址：北京市海淀区农大南路 1 号院 2 号楼 4 层办公 B-421
邮　　编：100084
网　　址：http://cbs.bsu.edu.cn
发 行 部：010-62989320
邮 购 部：北京体育大学出版社读者服务部 010-62989432
印　　刷：三河市龙大印装有限公司
开　　本：710mm×1000mm　　　 1/16
成品尺寸：170mm×240mm
印　　张：12
字　　数：172 千字
版　　次：2020 年 11 月第 1 版
印　　次：2024 年 7 月第 2 次印刷
定　　价：45.00 元

目 录

CONTENTS

第一章 关于桑搏运动

桑搏（Sambo）一语来自俄罗斯语"самозащита без оружий"，意思就是"不带武器的防身术"——徒手格斗术，是苏联的"国技"。由于传统的桑搏技艺以摔法为主，所以又被俗称为"俄式摔跤"或者"俄式柔道"，但它并不是纯粹的"柔道"或"摔跤"。

第一节　桑搏运动的起源与发展现状

桑搏并没有明确的创始人，但现在的俄罗斯桑搏爱好者普遍认为是奥谢普科夫（Vasili Oshchepkov）和斯彼德诺夫（Viktor Spiridonov）开创了这项运动。

1904 年，为了各自的利益，日俄两国在中国境内爆发了著名的"日俄战争"，然而貌似强大的俄国军队竟然不敌日本军队，大败而归。当时的沙皇尼古拉二世曾专门召开军事会议分析战败原因，最终他们得出的结论是，战略战术并非失败的主要因素，士兵的个体战斗力和战斗精神才是导致惨败的根源。由于日军普遍接受过柔道和空手道等格斗技术的专门训练，所以在短兵相接的肉搏过程中，日本人总是占尽先机、技高一筹，加之"武士道精神"的催化，他们往往轻而易举就能摔倒并制伏俄国士兵。俄国人从这场战争中汲取了经验和教训，深感有必要培养俄国军人的勇武精神，于是他们决定向东方学习格斗技术，以达到提高战斗力的目的，而当时新兴的柔道也开始在世界范围内广泛传播。1905 年，在日本长大的柔道高手奥谢普科夫（Vasili Oshchepkov）回到了祖国，俄军方立即派出著名军事教官斯彼德诺夫（Viktor Spiridonov）与他合作，将柔道与摔跤结合在一起，设计出了一套适合俄国人体质特点的格斗术，这就是"桑搏"。这套技术和柔道有很多地方非常像，但是它吸收和发展了很多柔道没有的技术，如较为完善的擒锁技术、关节技术，尤其是对于腿部关节技的运用非常多。后来又陆续汲取了中国擒拿术、日本空手道、朝鲜唐手道、巴西柔术等东西方格斗技术的精华，不断丰富、升华，逐渐形成了一套理论透彻、体系成熟的搏击术。由于它的诞生完全是出于"擒敌索命"这一目的，所以桑搏的实战应用价值也就毋庸置疑了。

1938 年，苏军开始在全军推广这种凶狠的格斗技术，其中顶尖高手纷纷被选拔到特种部队服役。冷战时期，桑搏作为一项格斗运动成为超级军事大国苏联的"国技"。由于桑搏一直被军方、特种部队以及克格勃作为必修课程，也无形中为它披上了一层神秘的面纱。

自 20 世纪初发展起来，在苏联统治时期，特别是斯大林时代，桑搏作为一种团结各民族的体育运动，在苏联 15 个加盟共和国内广为发展和传播，并开始具有国际影响力，有了专业的运动技术组织和国际、国内比赛。苏联体育联合委员会在 1938 年将桑搏运动列为苏联正式体育比赛项目；1939 年苏联举行了第一届全国桑搏大赛；1972 年在伊朗首都德黑兰举行了首届国际桑搏大赛；1973 年在伊朗首都德黑兰举办了第一届世界桑搏锦标赛；1980 年莫斯科夏季举行的奥运会上，桑搏被列为表演项目。现在桑搏的世锦赛、世界杯赛、欧洲公开赛等各种各样的国际比赛也很多，已成为与国际式摔跤并驾齐驱的一种摔跤门类。现代桑搏运动在日本和欧美开展的都比较广泛，而且桑搏还是国际业余摔跤联合会的项目成员。世界知名的摔跤比赛和综合格斗大赛中都有桑搏选手活跃的身影。比如近年来在 MMA（Mixed Martial Arts）界叱咤风云的"格斗沙皇"菲多（Frdor Emelianenko），就曾经荣获过俄罗斯桑搏冠军。现在在俄罗斯等国中，桑搏仍然是国家安全部队必须接受的训练科目，也是人们非常喜欢的一项体育活动。

然而，由于美苏两个超级大国的军事竞赛，"军用桑搏"一直被视为军事机密，被苏军捂得严严实实，令世人无法一窥其庐山真面。

苏联解体后，冷战结束。很多特种部队、特情机构被改组或者解体，其中不少桑搏教官和格斗高手"流落民间"，不得不面临"再就业"问题，于是这些"下岗"的桑搏高手纷纷被发达国家"收购"。现在这些人分布于世界各地，或为专业格斗教练，或为政客要人保镖，其中也不乏反恐精英和恐怖分子。留在俄罗斯国内的也纷纷加入了私人的保安公司，这类公司仅在首都莫斯科就有30 多家，他们的收费标准比一般保安公司高，利润也大。随着大批桑搏高手的"商业化"，"军用桑搏"的神秘面纱也逐渐被揭开，"旧时王谢堂前燕，飞入寻常百姓家"，现在我们也陆续能看到世界各国出版的关于桑搏技术的书籍和影视资料。

众所周知，现任俄罗斯总统普京就是一名桑搏高手，他曾荣获圣彼得堡市桑搏式摔跤冠军，并由此获得了桑搏大师的称号。1973 年普京成为一名桑搏教练，在他众多弟子中不乏优秀人物，其中包括曾经两度获得世界冠军的桑搏式摔跤运动员巴普杜拉耶夫。为了表彰普京为桑搏运动做出的特殊贡献，苏联曾经授予他功勋教练荣誉称号。他还出版了一套专门教授桑搏技术的 DVD，使我们有幸对桑搏运动有了更进一步的了解和认识。

第二节　桑搏运动的分类与特点

在苏联的加盟共和国中，由于地域不同，各地的桑搏风格也不一样。现代桑搏根据其风格主要可以分为三个流派：运动桑搏（一种国际性的摔跤运动）、桑搏格斗术（桑搏自卫术）、极限桑搏术（在最危险情况下使用的桑搏）。

运动桑搏，其风格特点类似于业余摔跤或柔道，但在规则、服饰上又有别于柔道等项目。由于苏俄和蒙古接壤，可能受到蒙古摔跤技术特色的影响，桑搏的专用道服上身就是红色或蓝色衣（便于裁判识别），下身则是摔跤短裤，系红色或蓝色腰带，是典型的摔跤式着装。从中也可见桑搏是在摔跤中融合了柔道的技术特色，这身行头也是桑搏式摔跤的招牌形象。得分规则同柔道比较相似，如果能干净、迅速地将对手摔倒在地上，可以获得完全的胜利。或双方的比分差距达 12 分，比赛也将结束。桑搏的关节技同柔道非常相似，但不可以将手臂折向后背，也不可以对头部进行按压或扭动。除了柔道中的手臂关节技外，桑搏中还可以使用腿部关节技。比赛时，不可以用手击打，不可以站立使用关节技或反关节摔倒对方，不可以挖眼或手掐对方的喉咙。

桑搏格斗术，主要分为"自卫"和"攻击"两派。自卫桑搏，其风格特点类似于柔术或者合气道，其主导思想是将自卫作为前提，针对持械或徒手攻击者进行有效的反击，一般情况下都是后发制人，以防守反击为主，是一种较为温和的格斗技术；攻击桑搏，主要是通过徒手或持械搏斗对对手进行擒拿控制、缴械俘虏，类似于无限制搏击术，可以对对手进行广泛的打击，所以又被叫作"击打式桑搏"。

极限桑搏术，又称特情桑搏或实战桑搏，是专门为特种部队和快速反应部队以及执法军警量身打造的格斗技术，是一种纯粹可以决定对手生死的格斗技艺，是典型的专业"杀人技术"，手段多样，专业科学，根据完成任务的目的和目标的不同，其格斗形式也丰富多彩，被誉为苏联克格勃的"夺命利器"。

第三节　现代实战桑搏的内容体系

现代实战桑搏是自卫桑搏、攻击桑搏和特情桑搏的综合产物，是现代俄罗斯自由搏击界非常流行的一套格斗体系，其内容丰富，实战特点浓郁，深受广大格斗搏击爱好者的喜爱和珍视。

现代实战桑搏在技术体系上主要包括打击技术、擒锁技术、跌摔技术以及地面缠斗技术四大部分，实战时强调四种技术相互融合、综合应用，个人结合自身身体素质的差异，会有不同侧重，但目的归根结底只有一个，就是不择手段制伏对手。

第二章 桑搏打击技术

　　苏联特情部门中的桑搏高手们认为，在徒手搏斗与近身格斗过程中，身体的任何部位都是进行打击和控制对手的武器，不仅仅局限在拳脚上，全身自上而下共有40多处部位可以用来实施有效打击，甚至牙齿都可以在特定情况下用来撕咬对手，真可谓"武装到牙齿"。实战桑搏的格斗宗旨就是，为了达到制伏对手的目的，可以无限制格斗。

第一节　拳法打击技术

　　拳是中外任何一种格斗术都公认的最有威胁力的打击武器，原因在于其出击灵活、打击有力、目标广泛、击点丰富，同时用拳法打击对手身体要害部位具有较高的准确性，可以给对手造成极大的伤害。

　　实战桑搏的拳法打击技术基本上来源于西方的拳击运动，实战中主要用于站姿格斗时的快速攻击，以及中、远距离的控制性攻击，其基本的拳法并不多，以直拳、摆拳、勾拳为主，简单实用，着重强调招法的变换、连续击打，以及与其他身体武器形成组合攻击，讲究快、准、狠的技巧。

　　拳法主要是用来发起进攻的，实战中能否战胜对手，关键在于如何合理地运用各种拳法，有效地击中对方。拳法掌握的愈多、愈熟练，在应用时就愈得心应手，进攻能力愈强。但是，进攻时拳法的运用不是固定的、一成不变的，而是根据对手的情况灵活应用的。其原则就是要设法击中目标。某一种拳法，只能在一定的条件下发挥它的作用和效力。这些条件主要有：与对手的距离、对手所持的姿势、所暴露的空当，出拳的时间、速度，以及对手的高矮、防守习惯，反应能力和技术特点，等等，只有根据这些情况采用相应的拳法，并掌握好运用的时机和应变的能力才能奏效。

一、直拳

　　【动作说明】首先，按左前式基本格斗站姿站立（图2-1-1）。发拳时，左脚向前上一小步，右脚随势跟进半步，并以右脚掌蹬地，身体略前倾，重心前移，同时拧腰转胯，右肩前送，右臂随势直臂内旋、向前直线冲出，拳心向下，力达拳面，左臂屈肘回收，使左手置于下颌附近，目视前方（图2-1-2）。

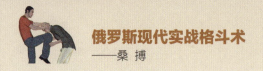
【技术要点】出拳发力的瞬间要拧腰、转胯、送肩。出拳前，握拳要松，肩部与臂部要自然放松。出拳后，右脚用力蹬地，腰部与上体要快速有力地向左前方拧转，借以增加出拳的速度和力量，右拳拳峰、前臂、肘关节与肩部要形成一条直线并处于一个水平面上，使力量顺达。在拳运行到位的一瞬间，腕关节要突然紧张，拳头攥紧，释放爆发力。同时配合呼气，胸腹部内含。右手出拳时，左臂应屈肘回收，使左手自然置于下颌附近，保护好头部和上盘。

图 2-1-1

图 2-1-2

【实战应用】实战中，双方对峙，伺机而动。我主动用左直拳逗引对手，佯装攻击，吸引其注意力，令其视线不清，判断错误（图 2-1-3）。如果对手用右手向下拨挡我左拳，其头部就会露出空当，我可迅速以右直拳击打对手面部（图 2-1-4）。如果对手用右手向上拨挡我左拳，其胸腹部就会露出空当，我可迅速蹲身以右直拳击打对手胸腹部（图 2-1-5）。

图 2-1-3

图 2-1-4

图 2-1-5

【要领解析】直拳是实战中最常用的拳法，拳法特点是直线运动，速度快、动作突然、运用广泛，并且易于运用身体的力量，是一种具有巨大威力与高度实用价值的拳法。直拳分为前手直拳（也称左直拳）和后手直拳（也称右直拳）两类。前手直拳动作路线短，容易接触目标，因此动作迅速、准确而有效，常用来干扰对手的进攻、破坏对手的平衡、扰乱对手的视线和调整战术。后手直拳属中、远距离拳法，在出拳时，由于上体与腰部的转动幅度大，拳的运动路线较长，加上身体重心的移动与身体大肌肉群的伸缩，其出拳力量重、威胁大，但距离对手较远，所以动作的难度与技术要求更高，同时隐蔽性也相对要差，易被对方发觉，尤其是在一击未中时，由于用力猛、动作幅度大，容易导致身体重心不稳、失去平衡，而陷入被动局面。格斗高手在实战中，不会轻易出击后手直拳，一般都是先用前手直拳分散对手的注意力，令其暴露空当，之后再迅速果断地以后手直拳予以重击，往往可以达到"一拳定乾坤"的效果。另外，在后手直拳击打动作结束后，要迅速恢复到格斗站姿，或者及时移动身体、步法，因为右手防护的身体部位已经暴露，停止不动是非常危险的。

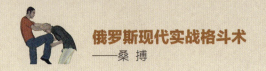
二、摆拳

【动作说明】首先，按左前式基本格斗站姿站立（图2-1-6）。发拳时，左脚向前上一小步，右脚随势跟进半步，并以右脚掌蹬地，身体略前倾，重心前移，同时拧腰转胯，右肩前送，右臂随势抬起、屈肘，右拳沿弧形路线向左摆击至身体中线位置，拳心向下，力达拳峰，左臂屈肘回收，使左手自然置于下颌附近，目视前方（图2-1-7）。

图 2-1-6

图 2-1-7

【技术要点】出拳发力的瞬间要拧腰、转胯、送肩。出拳前，握拳要松，肩部与臂部要自然放松。出拳后，右脚用力蹬地，腰部与上体要快速有力地向左前方拧转，借以增加出拳的速度和力量，右拳出击是沿弧形路线运动的，大前臂间形成90度左右夹角，在拳运行到位的一瞬间，手腕内旋，肩、臂、腕关节要突然紧张，拳头攥紧，释放爆发力。同时配合呼气，胸腹部内含。右手出拳时，左臂应屈肘回收，使左手置于下颌附近，保护好头部和上盘。

【**实战应用**】实战中，双方对峙，伺机而动。我主动用左直拳逗引对手，佯装攻击，吸引其注意力，令其视线不清，判断错误（图2-1-8）。如果对手用右手向下拨挡我左拳，其头部就会露出空当，我可迅速以右摆拳击打对手头部左侧（图2-1-9）。如果实战中，是对手主动进攻，用右拳击打我上盘，我可以用左手拨挡防守，同时在对方上身靠近我的瞬间，突发右摆拳击打对手胸部（图2-1-10）。摆拳在实战中可以根据需求左右灵活运用。

图 2-1-8

图 2-1-9

图 2-1-10

【**要领解析**】摆拳是一种由侧面击打对手的拳法，运动路线是弧形的，主要用来打击对手的中上盘侧面，动作过程主要是利用身体的侧摆和转动带动肩、臂的摆动，最终以拳峰为力点打击目标。由于是身体大肌肉群一起用力，所以打击力度巨大，但是因为身体和臂部的摆动幅度较大，容易被对手发觉，隐蔽性较差，故而在使用过程中一定注意与左手配合协调，注意防护到位。在摆拳击打动作结束后，要迅速恢复到格斗站姿，或者及时移动身体、步法，因为右手防护的身体部位已经暴露，停止不动是非常危险的。摆拳在出击前，肩部不可耸起或向后预拉，那样容易被对手察觉意图。摆拳在击中目标的瞬间，臂肘部位要保持弯曲，角度大于90度，具体根据敌我双方交手距离灵活掌握，但一定不能伸直、僵硬，过于僵硬非但达不到打击效果，反而会造成肩肘部的损伤，适得其反。出拳时一定要注意掌握好时机，出手果断、准确、突然，才能达到最佳打击效果。

三、勾拳

【动作说明】首先，按左前式基本格斗站姿站立（图 2-1-11）。发拳时，左脚向前上一小步，右脚随势跟进半步，并以右脚掌内旋、蹬地，重心略下降，右拳随势向右下降，在右腿蹬直的瞬间，右拳由下向前上方弧形勾击，力达拳面，左臂屈肘回收，使左手自然置于下颌附近，目视前方（图 2-1-12）。

图 2-1-11

图 2-1-12

【技术要点】出拳时以肩关节为轴，手臂成钩状，利用蹬地和迅速转体带动手臂完成动作。右拳沿弧形路线运动，力量主要源自右脚掌内旋蹬地、拧腰动作，拳高不要超过头部，击打瞬间腰腹部突然收缩，劲力爆发，要有穿透力，配合呼气，力量通透。右手出拳时，左臂应屈肘回收，使左手置于下颌附近，保护好头部和上盘。

【**实战应用**】实战中，双方对峙，伺机而动。我主动用左直拳逗引对手，伴装攻击，吸引其注意力，令其视线不清，判断错误（图2-1-13）。如果对手用右手向下拨挡我左拳，其头部就会露出空当，我可迅速以右勾拳击打对手下颌（图2-1-14）。如果对手用右手向上拨挡我左拳，其胸腹部就会露出空当，我可迅速以右勾拳击打对手腹部（图2-1-15）。

图 2-1-13

图 2-1-14

图 2-1-15

【**要领解析**】勾拳在击打时，肘关节弯曲约成 90°角，其形状酷似弯钩，故而得名，是近距离进攻拳法，常用来击打下颌、心窝和腹部，尤其是在对付个子小但力量大的对手时，由于出拳距离短、速度快，很难使对方防范与反击，遭袭后犹如一把弯刀勾入体内，被认为是一种非常凶险的拳法。为了加大打击力量，出拳前身体重心要略下降，右臂自然屈肘下降，以形成出拳时的有利姿势，这一动作要做到自然而不被对手察觉，不能让对方看出意图。出拳时，右脚一定要蹬地助力，继而借突然缩胸、收腹、转体的爆发力，带动右拳自下而上运动，拳在运动过程中要始终保持90°或者小于90°的角度，否则难以聚集打击力量。

四、崩拳

【动作说明】首先，按左前式基本格斗站姿站立（图 2-1-16）。发拳时，左脚向前上一小步，右脚随势跟进半步，并以右脚掌蹬地，身体略前倾，重心前移，同时拧腰转胯，右臂外旋随势向身体正前方伸肘抖腕、翻转崩打，力达拳背，拳心向内，左臂屈肘回收，使左手自然置于下颌附近，目视前方（图 2-1-17）。

图 2-1-16   图 2-1-17

【技术要点】出拳时以肘关节和腕关节的转动来带动拳头，力达拳背，右拳沿弧形路线运动，拳高不要超过头部，发力要突然、脆快，配合呼气，劲力饱满。拳崩出时，臂部肌肉要适当紧张，尽量发挥出崩弹之劲。右手出拳时，左臂应屈肘回收，使左手置于下颌附近，保护好头部和上盘。

【实战应用】实战中，双方对峙，伺机而动。我主动用左直拳逗引对手，佯装攻击，吸引其注意力，令其视线不清，判断错误（图 2-1-18）。如果对手用右手向上拨挡我左拳，我可迅速向左拧转身体，右臂随势外旋向前伸肘抖腕，以右拳拳背为力点崩打对手面门或鼻梁部位（图 2-1-19）。如果对手用右拳向下拨挡我左拳，我可用右拳由对手右臂上方横向崩打对手右侧脸颊或腮部，力达拳背（图 2-1-20）。

图 2-1-18

图 2-1-19

图 2-1-20

【要领解析】崩拳是一种以拳背为力点，通过伸肘抖腕的力量向前弹抽、敲砸对手要害的拳法，其动作快捷隐蔽、变化多端，令对手猝不及防，具有快、冷、脆、猛的特点。实用时注意出手时机，出拳时腕关节要骤然翻转、抖动，以提高打击力度。

五、鞭拳

【动作说明】首先，按左前式基本格斗站姿站立（图 2-1-21）。发拳时，身体左转，右脚向前上步，右拳随势向左肩头上方抬起，在右脚落步踏实的一瞬间，突然向右侧抡臂伸肘抽打，力达拳轮，拳心向下，左臂屈肘回收，使左手自然置于下颌附近，目视前方（图 2-1-22）。

图 2-1-21

图 2-1-22

【技术要点】转身动作要迅速、灵活、稳固，转动时以腰胯为轴。上步迅疾，劲从根起，力量顺达。发力要求顺达而有爆发力，切忌僵劲蛮力，必须运用脆快的"掼劲"，才可使力量迅速集中于动作的着力点。劲力顺达必须强调四个字，即顺、松、紧、准。发力顺序得当，将周身力量归缩于一条线，避免力量分散。

图 2-1-23

【实战应用】实战中，双方对峙，伺机而动。我主动用左直拳逗引对手，佯装攻击，吸引其注意力，令其视线不清，判断错误（图 2-1-23）。如果对手用右手向下拨挡我左拳，其头部就会露出空当，我可迅速上步、转身以右鞭拳鞭扫对手右腮部（图 2-1-24）。如果对手用右手向上拨挡我左拳，其胸腹部、肋部就会露出空当，我可迅速上步转身以右鞭拳鞭打对手右侧肋部（图2-1-25）。

图 2-1-24

图 2-1-25

【要领解析】鞭拳是一种以拳轮为力点，通过抡动手臂促进发力的拳法，多用于远距离打击。出拳时，以腰带背，强调前臂的鞭打抽甩劲。由于出拳时，与对手的距离较大，所以动作幅度也大，对付经验丰富的对手要慎用，使用时注意防守，出拳时一定要注意掌握好时机，出手果断、准确、突然，才能达到最佳打击效果。在击打动作结束后，要迅速恢复到格斗站姿，或者及时移动身体、步法，因为右手防护的身体部位已经暴露，停止不动是非常危险的。

六、劈拳

【动作说明】首先，按左前式基本格斗站姿站立（图 2-1-26）。发拳时，身体左转，右脚向前上步，右拳随势向左肩头上方抬起，在右脚落步踏实的一瞬间，突然向前劈砸，臂肘微屈，力达拳轮，左臂屈肘回收，使左手自然置于下颌附近，目视前方（图 2-1-27）。

图 2-1-26

17

【技术要点】出拳时，肘关节先稍微弯曲，以上臂带动前臂出击，力由腰发。转身动作要迅速、灵活、稳固，转动时以腰胯为轴。上步迅疾，劲从根起，力量顺达。

图 2-1-27

【实战应用】实战中，双方对峙，伺机而动。我主动用左直拳逗引对手，佯装攻击，吸引其注意力，令其视线不清，判断错误（图 2-1-28）。如果对手用右手袭击我腹部，我可以迅速用左手向外拨挡，继而右脚快速上步、进身，右拳随势向前以拳轮为力点劈击对手面门或者鼻梁（图 2-1-29）。如果对手用右拳袭击我胸部，我可以用左手抓住其腕部，同时用右拳劈砸对手右侧肩胛骨，力达拳轮（图 2-1-30）。

图 2-1-28

图 2-1-29

【要领解析】劈拳是一种自上而下的打击方式，动作发力短促，出手如"力劈华山"，攻击力强大。实战中要求出手果断，一触即发。

图 2-1-30

七、栽拳

【动作说明】首先，按左前式基本格斗站姿站立（图 2-1-31）。发拳时，左脚向前上一小步，右脚随势跟进半步，并以右脚掌蹬地，身体略前倾，重心前移，同时拧腰转胯，右肩前送，右臂随势直臂内旋、向前直线冲出，拳心向下，力达拳峰，左臂屈肘回收，使左手置于下颌附近，目视前方（图 2-1-32）。随即，身体猛然左转，右脚向前上步，右拳随势向前下方捣击，力达拳峰，目视前方（图 2-1-33）。

图 2-1-31

图 2-1-32

【技术要点】整个动作要求连贯协调，含胸收腹，拧腰顺肩，胯部内合，臀部内收，上体微前倾，下颌内收，背部圆撑，速度迅疾，劲力顺达，重心稳固。起于腰，传于肩，催于肘，达于手，使之环环相扣，劲力方能顺达。

图 2-1-33

【实战应用】实战中，双方对峙，伺机而动。我主动用左直拳逗引对手，佯装攻击，吸引其注意力，令其视线不清，判断错误（图 2-1-34）。我看准对手空当，突然以右拳击打对手胸部，力达拳峰（图 2-1-35）。在右拳触及对手身体的瞬间，拳头就马上变换运行路线，沿着对手的身体向前下方运动，以拳峰为力点捣击对手腹部（图 2-1-36）。

图 2-1-34

图 2-1-35

【要领解析】冲拳前，臂、拳、肩、肘都要放松，在冲拳的一瞬间，臂部肌腱突然紧张起来。当右手拳峰触及对手身体的一瞬间，形成自上而下的打击路线，在对对手胸部打击的基础之上，连续打击其腹部、裆部。出拳过程中注意上体要前俯，将身体的力量作用于右拳之上。栽拳与直拳的区别在于，直拳只是一击而已，栽拳是击中后继续向下捣击，是一个连贯动作，注意不要分解。

图 2-1-36

第二节 腿法打击技术

人的双脚，加上胫骨，是极具摧毁性的武器，实战格斗中，若能巧妙地运用腿法，往往能奏奇效，可在踢击范围内给予对手重创，削弱对方的攻势或者将其击倒在地。

腿击技术在实战中所占据的优势，是显而易见的。

首先，使用腿法打击技术可以放长击远。因为从人体生理客观条件来看，双腿比双臂长，所以腿脚比拳掌更能有效打击较远距离的目标，打击的范围更加广泛，上可踢踹头部，下可扫踩腿部，多方位进攻的同时还能用来遏制对手的进攻，控制彼此的交手距离。

其次，腿法的打击力量巨大。由于双腿作为身体重心的载体，负担着整个上身，并承担运动与跳跃等功能，其大腿的骨骼和肌肉都相对于其它肢体要粗壮结实许多，因而发出的力量也相对巨大，攻击力自然强大。通常认为腿击的力量要比拳击的力量大三至五倍。正所谓"一寸长，一寸强"。

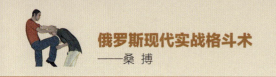
再次，腿击技术还有一个不可忽视的特点，就是隐蔽性好。因为腿脚位于身体的下方，相对离对手的眼睛距离较远，用腿脚进行攻击不易被对手察觉，尤其是手脚配合攻击、指上打下，更易奏效。

正因为腿击技术有如此之多的优势，所以作为格斗技术中重要的一个组成部分，腿击技术一直被泰拳、空手道、跆拳道、截拳道等各种著名格斗技术高度重视，并视若珍宝。源于桑搏格斗术和特情桑搏的现代实战桑搏技术当然也不能例外。

实战桑搏的腿法特点是运用和练习起来更加简单与实用，更注重实效性，更加强调速度和爆发力，更加适合俄罗斯人体质特点，没有一点华而不实的复杂技法。同时强调攻防兼备的原则，攻中有防，防中有攻，灵活多变。

实战桑搏的腿击技法多样，也各具特色，然而实战桑搏的高手和大师们认为，在实战中腿法虽然威力巨大，但绝对不能仅凭借腿法进行打击，而是要在腿法娴熟的基础上，配合拳法、肘法等其他打击技术，更好地充分发挥腿击的技巧。这是实战桑搏在腿技使用上的基本指导思想。

一、弹踢腿

【动作说明】首先，按左前式基本格斗站姿站立（图2-2-1）。然后，左腿支撑站立，左脚脚尖微外展，身体略向左转，右腿屈膝向前上方抬起，大腿与胯齐高，脚尖向下绷直（图2-2-2）。随即，右腿提膝接近水平时，迅速猛力挺膝向前直线弹出，高与裆齐，力达脚背与脚尖，目视前方，出腿瞬间呼气（图2-2-3）。

图 2-2-1

图 2-2-2　　　　　　　　　　　　　图 2-2-3

【技术要点】支撑腿略微弯曲，以保持身体重心平稳，脚跟切勿抬起，杜绝左右晃动。出脚腿要以膝关节为轴，利用膝关节的弹力带动小腿向前踢出，要有爆发力。动作过程要连贯协调，切勿脱节。完成弹踢动作时双手要保持防卫姿势，动作完成后，身体要迅速恢复格斗姿势。

【实战应用】实战中，敌我双方对峙（图 2-2-4）。对手上步进身，以右拳击打我头部时，我可以用左臂向左上方格架其腕部，同时抬起右脚，以脚背与脚尖为力点向前弹踢对手裆腹部要害部位（图 2-2-5）。弹踢腿主要用来攻击对手的裆腹部，也可以在制伏对手令其俯身低头时，出腿踢击其面部（图 2-2-6）。

图 2-2-4

图 2-2-5   图 2-2-6

【要领解析】弹踢腿是以脚尖和脚背为力点针对对手中路进行攻击的一种杀伤力很强的腿法，通过迅速使大腿和胫骨形成 90 度角，然后弹击出来而完成动作，整条腿要鞭打式地快速向上弹击。弹踢腿多在对手头颈、肋部两侧防守严密，其他腿法难以攻击奏效时应用，抬脚自中线进攻，效果甚好。当对手上路频繁遭到攻击，集中精力进行防守而忽略和放松下路防守时，迅速出腿，可奏奇效。

二、正蹬腿

【动作说明】首先，按左前式基本格斗站姿站立（图 2-2-7）。然后，左腿支撑站立，身体微向左转，右腿屈膝向前上方抬起，膝高过于胯部，脚尖向上勾起（图 2-2-8）。随即，当右腿膝盖接近胸前时用力向前方挺膝直线蹬出，高与裆齐，力达脚跟，目视前方，出腿瞬间呼气（图 2-2-9）。

图 2-2-7

图 2-2-8

图 2-2-9

【技术要点】支撑腿略微弯曲，以保持身体重心平稳，脚跟切勿抬起，杜绝左右晃动。出脚腿要以膝关节为轴，利用膝关节的弹力带动小腿向前蹬出，要有爆发力。脚尖一定要勾起，力达脚后跟。完成蹬踢动作时双手要保持防卫姿势，动作完成后，身体要迅速恢复格斗姿势。

【实战应用】实战中，敌我双方对峙（图 2-2-10）。对手突然上步进身，伸出双手欲扑抓我，我迅速用双手分别向外格挡对手双臂，同时抬起右脚，以脚后跟为力点向前用力蹬踢对手腹部或者胸部（图 2-2-11）。蹬腿主要应用于攻击对手的中路，在对手背后进行偷袭时，也可以使用，猛蹬其后腰，瞬间可导致其腰椎折断（图 2-2-12）。

图 2-2-10

图 2-2-11

图 2-2-12

【要领解析】蹬腿主要攻击的目标是胸、腹、腰、胯等中盘部位，打击力度很强，一个刚劲而又迅猛的蹬踢动作，足以令对手向后退一大步，甚至摔倒在地，实战中可以用来调整格斗距离，掌握主动。

三、侧踹腿

【动作说明】首先，按左前式基本格斗站姿站立（图 2-2-13）。然后，身体微向右转，重心移至右腿，上体向右侧倾斜，左腿随势屈膝抬起，脚尖勾起内扣（图 2-2-14）。随即，用力向左侧展髋挺膝直线踹出，力达脚跟，目视左前方，出腿瞬间呼气（图 2-2-15）。

图 2-2-13

图 2-2-14　　　　　　　　　　　　　　　图 2-2-15

【技术要点】踹腿时上肢双臂姿态要配合协调，以利于出腿发力。支撑腿略微弯曲，上体要向右侧倾斜，以保持身体重心平衡。出腿时要以胯和膝关节的爆发力踹出。

【实战应用】实战中，敌我双方对峙（图 2-2-16）。对手主动进攻，突然伸出双手向前扑过来，欲与我撕扯扭摔，此时我可以迅速向右转身，抬起左脚向左侧猛踹对手腹部或者肋部（图 2-2-17）。侧踹腿在实战中可以根据具体情况调整高度，如高踹腿可以用来袭击对手的头部（图 2-2-18），低踹腿可以针对对手的下肢予以重创（图 2-2-19）。

图 2-2-16　　　　　　　　　　　　图 2-2-17

图 2-2-18

图 2-2-19

【要领解析】侧踹腿是利用展髋、挺膝以及腰部的力量带动发力的腿法，攻击目标较为广泛，同时还是极佳的防守性腿法，可以用来截击对手的进攻，遏制其攻势。侧踹腿时可以配合步法发起猛烈攻势，从任意位置、距离、角度出腿，往往令对手防不胜防，疲于应付。

四、扫踢腿

【动作说明】首先，按左前式基本格斗站姿站立（图 2-2-20）。然后，左脚微外展，身体重心移至左腿，左腿支撑站立，同时右腿屈膝抬起，高与胯齐，脚尖绷直（图 2-2-21）。随即，左脚跟内扣，身体向左拧转，右腿随势以膝关节为轴由右向左横向扫踢，拧腰展髋，力达脚背和小腿胫骨部位，目视出腿方向，出腿瞬间呼气（图2-2-22）。

图 2-2-20

图 2-2-21

图 2-2-22

【技术要点】扫踢时要借助身体转动的惯性发力，同时注意支撑腿的稳定性，出腿要迅猛敏捷，击打有力。

【实战应用】实战中，敌我双方对峙（图 2-2-23）。对手向前准备出拳进攻时，我突然抬起右脚，左脚跟内扣，身体向左拧转，以右脚脚背和小腿胫骨部位为力点，自右向左横扫对手左侧腰肋部，予以重创（图 2-2-24）。也可以根据对手身材情况，有针对性地打击其头部或者腿部（图 2-2-25）。

图 2-2-23

图 2-2-24

【要领解析】扫踢腿也可以译为边腿或鞭腿，是一种屈膝甩小腿从侧面以脚背和胫骨袭击对手的腿法，运行路线是弧线型的。主要攻击目标是对手的腰肋、大腿、膝关节、胫骨部位等。如果对手身材矮小，也可以扫踢其头颈部。对于腹部正面、腰肋两侧的攻击，一般都选择在对手进身攻击而疏于防范之际，突然动作。用来扫踢对手下路腿膝，如果击中目标，常常可以使其感到双腿发软，站立不稳。

图 2-2-25

五、踩踢腿

【动作说明】首先，按左前式基本格斗站姿站立（图 2-2-26）。然后，身体微向左转，重心移至左腿，右腿随势屈膝抬起，膝高与胯齐，脚尖向上勾起（图2-2-27）。随即，右腿迅速挺膝向左小腿前方用力踩踏而出，力达脚掌，身体微右倾，左腿略屈，目视右脚，出腿瞬间呼气（图2-2-28）。

图 2-2-26

图 2-2-27

【技术要点】抬腿速度要快，出腿迅猛有力，支撑腿要略弯曲，注意保持身体平衡，出腿瞬间右膝要外旋，膝盖挺直，劲力传达至全脚掌。

图 2-2-28

【实战应用】实战中，敌我双方对峙（图 2-2-29）。对手上步进攻，以右拳击打我头部或者胸部，我迅速用左手拦截并刁抓住其右手腕部，同时迅速抬起右脚，向前下方踩踢对手前进腿的膝关节部位或者胫骨部位，令其疼痛难忍而止步不前（图 2-2-30）。

图 2-2-29

图 2-2-30

【要领解析】踩踢性质的腿法运动路线一般是由上而下，运动路径相对较短，发力也短促，所以出腿隐蔽，不易被对手察觉，实战中运用得当，于攻于防都可奏奇效。

六、勾踢腿

【动作说明】首先，按左前式基本格斗站姿站立（图2-2-31）。然后，身体重心先向前移动，将重心全部落于左腿之后，右脚抬起，脚尖上勾，随势向左前方用力摆腿勾踢，力达脚腕勾部位和小腿胫骨部位，目视前下方，出腿瞬间呼气（图2-2-32）。

图 2-2-31

图 2-2-32

【技术要点】出腿瞬间身体要微向左转，调髋拧腰，臀部绷紧，勾踢脚的高度不要超过膝盖，动作要求干脆利落，劲力通透。

【实战应用】实战中，敌我双方对峙（图2-2-33）。当彼此交手距离较近时，我突然以右勾踢腿袭击对手前位腿的小腿后方踝关节部位，可瞬间令对手跌摔在地（图2-2-34）。

图 2-2-33

图 2-2-34

【要领解析】勾踢腿主要是在近距离交手时使用，特点是刁钻、隐蔽。勾踢腿技法的主要着力点是脚腕勾部位和小腿胫骨部位，小腿胫骨被桑搏专家们称之为"勇士也会哭泣的部位"，在大腿的带动下，正确运用技术，其发挥出的打击力度不可小觑。

七、铲踢腿

【动作说明】首先，按左前式基本格斗站姿站立（图 2-2-35）。然后，身体微向右转，重心移至右腿，右膝略屈，右腿独立支撑，上体向右倾斜，左腿随势屈膝抬起，脚掌内扣，脚心向下，高与膝齐（图 2-2-36）。随即，左腿突然挺膝伸直，以脚掌外侧为力点向左前下方铲出，目视左脚，出腿瞬间呼气（图 2-2-37）。

图 2-2-35

图 2-2-36

图 2-2-37

【技术要点】注意出腿时，脚掌一定要内扣，力达脚掌外侧，出腿高度不要太高，同时注意身体的平衡性。

【实战应用】实战中，敌我双方对峙（图 2-2-38）。对手突然转身抬起左脚踢击我右侧腰肋部位，我迅速右闪身用右前臂用力向外阻挡，挂截其小腿踝关节部位，同时抬起左脚，随势向对手支撑腿膝关节内侧铲踢，令其站立不稳而跌倒（图 2-2-39）。

图 2-2-38

图 2-2-39

【要领解析】铲踢腿在实战中多用于袭击对手膝关节以下部位，作用与踩踢腿类似，可用来破坏对手重心平衡或者阻止其进攻，在实施时，前、后、侧方向均可出击。

八、后撩踢腿

【动作说明】首先，按左前式基本格斗站姿站立（图2-2-40）。然后，身体略向左转，右腿弯曲支撑站立，左腿抬起，脚尖绷直，略屈膝由下方向后撩起，力达脚掌，目视左后方，出腿瞬间呼气（图2-2-41）。

图 2-2-40

图 2-2-41

【技术要点】出腿动作要快，注意脚的高度不要太高，否则会影响身体平衡，上肢双臂要配合下肢动作来调控身体的平衡。

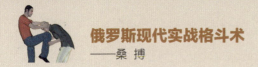
【实战应用】实战中，对手由我身后悄悄跟进，准备偷袭（图2-2-42）。我早有准备，待其靠近我，进入出腿攻击的范围时，突然先发制人，抬起左脚向后撩踢对手裆部，以有效阻止其进攻（图2-2-43）。

图 2-2-42

图 2-2-43

【要领解析】后撩腿在实战中主要用来对付背后袭击者，攻击目标多以裆腹部为主，出腿要迅速果断。同时需要强调的是，因为是向后出腿，一定要把握准确性，眼睛要随时向后窥视，突然起腿，令对手猝不及防。

九、转身后旋踢腿

【动作说明】首先，按左前式基本格斗站姿站立（图2-2-44）。然后，右脚向前上步，身体左转，重心逐步过渡至右腿（图2-2-45）。上动不停，右脚跟外展，身体继续向左后方转动180度，左腿随势抬起，向身体左后上方沿弧形路线旋转摆踢，力达脚后跟，高过于头，目视左后方，出腿瞬间呼气（图2-2-46）。

图 2-2-44

图 2-2-45

图 2-2-46

【技术要点】旋踢时支撑腿一定要站立稳定，膝关节可适当弯曲，以保持身体平衡，身体转动时要以脚掌为轴。动作与步法要配合协调、连贯稳定，以身体的旋转带动腿部的发力。

【实战应用】双方对峙，彼此交手距离较远，伺机而动（图2-2-47）。我突然上步进身，缩短彼此距离，同时为进攻做好准备（图2-2-48）。随即，身体猛然向左后转动，抬起左脚，随转体动作向左后上方旋踢，以脚后跟为力点击打对手头部（图2-2-49）。

图 2-2-47

图 2-2-48

图 2-2-49

【要领解析】转身后旋踢多用于中远距离的攻击，威力巨大，杀伤力极强，在快速旋转身体的同时完成踢击，具有很强的惯性和穿透力，实战中主要用于攻击对手头部，出其不意，常使对手防不胜防，且击中率极高，但技术难度较高，要求腿部柔韧性要好，否则容易造成韧带拉伤。另外高位腿法会导致自身重心不稳，容易被对手抓住空当。使用时注意出腿时机，掌握好动作顺序、路线，同时不能放松防守。

十、飞身剪腿

【动作说明】首先，按左前式基本格斗站姿站立（图 2-2-50）。然后，随即右脚尖外展，身体向右侧拧转，双腿屈膝，重心略下沉（图 2-2-51）。随即，身体猛然向左转动，双腿蹬地跃起，身体向左前方跃起侧倒，身体着地瞬间，左腿向后勾，右腿向前横扫，双腿形成交错剪状，侧身着地，双臂屈肘扶按地面支撑，目视右脚（图 2-2-52）。

图 2-2-50

图 2-2-51

图 2-2-52

【技术要点】跃起动作要灵活，上下肢配合协调，身体着地时注意自我防守，防止摔伤。

【实战应用】实战中，敌我双方对峙（图2-2-53）。对手突然右脚上步，以右摆拳袭击我头部，我迅速右转体闪身躲避（图2-2-54）。随即，在对手因右拳走空身体晃动的瞬间，突然腾身跃起，左脚顺势插入对手右腿后方用力后勾，右腿以小腿为力点向左横向扫踢对手胸腹部，双腿在空中交错用力，将对手剪翻在地（图2-2-55）。

图 2-2-53

图 2-2-54

图 2-2-55

【要领解析】飞身剪腿的技术难度比较高，要求自身协调性必须好，出腿打击对手的同时要做好倒地的自我保护，防止自我损伤。

十一、后扫腿

【动作说明】首先，按左前式基本格斗站姿站立（图 2-2-56）。然后，右脚向前上步，重心前移，身体左转（图 2-2-57）。随即，身体略向下俯，身体突然向左后转 180 度，左腿伸直，左脚贴地随转身向左后方扫踢，力达小腿和脚后跟部位，目视左下方，出腿瞬间呼气（图 2-2-58）。

图 2-2-56

图 2-2-57　　　　　　　　　　　　　　图 2-2-58

【技术要点】身体转动要灵活，支撑腿在配合转动的同时要保持稳定，利用拧腰调髋产生的惯性摆腿扫踢，扫踢瞬间小腿肌肉要突然绷紧，动作连贯紧凑，一气呵成。后扫腿时身体重心不稳、扫腿速度较慢是常见的问题，一定要注意，扫腿时上体和腰部急骤拧转，髋部应充分发力并与腿部动作配合协调。

【实战应用】实战中，敌我双方对峙（图 2-2-59）。我突然右脚向前上步，佯装攻击其上盘（图 2-2-60）。在对手注意力被吸引的一刹那，我迅速降低身体重心，180 度转体，以左腿向左后方扫踢对手前位腿，导致其重心失衡而跌倒（图 2-2-61）。

图 2-2-59

图 2-2-60

图 2-2-61

【要领解析】后扫腿主要用于袭击对手下肢，尤其是在对手先发腿进攻时，针对其支撑腿予以打击，往往可以瞬间摧毁其身体重心的平衡，令其摔倒，实施时要注意把握好时机与交手距离，同时要防止对手自上而下踩踏。

十二、下劈腿

【动作说明】首先，按左前式基本格斗站姿站立（图2-2-62）。然后，身体微向左转，右脚随势向左前上方直膝大幅度扬起，脚尖勾紧，左腿略屈独立支撑（图2-2-63）。随即，右脚在扬至最高限度时，突然向下竖直劈砸，力达脚后跟，目视右脚，出腿瞬间呼气（图2-2-64）。

图 2-2-62

图 2-2-63

图 2-2-64

【技术要点】抬腿时要含胸、收腹、坐髋，右脚斜向发出，高高扬起，尽量超过头部。下劈时脚背要勾起，下劈路线沿抛物线运行，以髋部发力，动作要连贯，劲力顺达，势如破竹。

【实战应用】实战中，敌我双方对峙（图2-2-65）。对手突然俯身进攻我下盘，我迅速闪身躲避，并高高扬起右脚（图2-2-66）。在对手出手落空，尚未变招换势之际，我右腿猛力向下劈砸其后背或者后颈部位，可瞬间将其劈倒在地，束手就擒（图2-2-67）。

图 2-2-65

图 2-2-66

图 2-2-67

【要领解析】向下劈砸时要利用身体的体重向下发力，力达脚后跟。劈腿的动作难度较高，要求实施者腿部具备良好的柔韧性，否则难以获得预期效果，而且在动作过程中支撑腿很容易被对手攻击，要在出腿时做好防范准备。

十三、踩踏

【动作说明】首先，按左前式基本格斗站姿站立（图2-2-68）。然后，身体重心向前移动，右腿随之屈膝抬起，膝与胯齐高，右脚向上勾起，左腿独立支撑（图2-2-69）。随即，右脚用力向下垂直踩踏，力达全脚掌，踩地有声，目视地面，出腿瞬间呼气（图2-2-70）。

图 2-2-68

图 2-2-69　　　　　　　　　　　　图 2-2-70

【技术要点】抬脚动作迅速，高度适宜，落脚沉稳、踏实，落脚瞬间身体重心随之下沉。

【实战应用】踩踏技术一般主要应用于地面格斗，当将对手制伏或摔倒在地以后，对其进行进一步的打击。如果对手是仰面倒地，可以踩踏其胸部或者腹部（图 2-2-71）。如果对手面部向下，俯身摔倒，可以踩踏其后背、腰椎等部位（图 2-2-72）。

图 2-2-71　　　　　　　　　　　　图 2-2-72

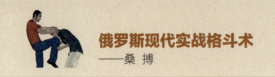
【要领解析】踩踏对手要害部位要准确到位，凶狠有力。注意掌握时机，落脚迅速，防止对手就地滚动、逃脱。

第三节　肘法打击技术

实战搏击中对于拳掌而言，肘可起到传达劲力、承上启下之功用，同时又是摧毁力极强的打击武器，以肘打人，力大且凶猛，因动作路线短促，所以能够快速而突然地发起进攻，令人防不胜防。同时熟练地掌握各种肘法也是防守的有效手段，尤其是在近距离搏击时更能体现出其强大的实用性和威胁性。

肘法技击技术的特点：一是攻击性强，肘之尖部（俗称鹰嘴）坚硬且锐利，作为肘部的支撑和传力部分的上臂粗壮有力，故肘法的攻击力强大，打击强度非常高，锐不可当；二是灵活多变，由于肘法的运用多是肩关节和肘关节协同作用的结果，所以肘的活动灵活自如，肘技巧妙多变，自上而下、自下而上、前后左右，无所不能；三是打击面广，肘部攻击对手要害部位广泛，遍及前胸、后背、两肋、小腹、头部、四肢，不受任何限制，可谓"肘打八方"，由于落点多，打击面广，且技法多变，故可以做到非此即彼，东方不亮西方亮；四是预兆性小，肘法的运动路线比拳脚短，刹那即可完成打击动作，平稳迅疾，隐蔽性强，损坏性大，常常令对手猝不及防。"拳打三分脚打七，贴身短打用肘膝"，在贴身肉搏中运用肘法打击技术，往往可以达到一肘定乾坤的效果。

但是因为肘击是只有在贴近对手时才能奏效的技术，所以在格斗时，如何控制交手距离，占据有效打击位置，就显得至关重要。出肘时距离感要强，太远打不到，太近难以发挥应有的威力，要使爆发力正好于肘尖释放出来，必须掌握恰当的距离。要想充分释放出肘击技术的杀伤力，就必须要有灵活多变的步法配合，以达到主动调整和掌握最佳攻击距离的目的。

肘法打击技术的诀窍在于，屈肘时不要夹得太紧。肘部击出时，注意手与肩要放松，否则会导致肌肉僵硬，影响肘法的灵活性。肘击的力量来源于蹬腿、拧腰、摆肩，发力不正确会严重影响肘击效果。

一、顶肘

【**动作说明**】首先，按左前式基本格斗站姿站立（图2-3-1）。然后，右脚向前上步，身体向左转动，右臂肘关节略微内收，腋部夹紧（图2-3-2）。随即，右脚向右侧迈出半步，双腿屈膝下蹲，同时右臂屈肘夹紧抬起，随势向右侧水平顶出，力达右肘尖，拳心向下，高与肩齐，目视右肘尖，出肘瞬间配合呼气（图2-3-3）。

图 2-3-1

图 2-3-2

图 2-3-3

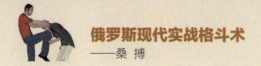
【**技术要点**】出肘时展背顺肩，肩部要尽量松展、沉顺，臂部肌肉适当紧张。动作脆快有力，注意保持重心平衡、稳定。

【**实战应用**】实战中，敌我双方对峙（图2-3-4）。对手用右直拳或者摆拳击打我上盘，我迅速抬起左臂，屈肘以前臂尺骨为力点向外磕挡对手右臂，化解其攻势，同时身体左转，右脚向前上步，拉近与对手的交手距离（图2-3-5）。随即，右脚向右侧快速逼近半步，同时右臂屈肘、夹紧，以肘尖为力点，随上步进身猛顶对手胸腹部，令其因严重损伤而落败（图2-3-6）。

图 2-3-4

图 2-3-5

图 2-3-6

【要领解析】顶肘的打击目标为胸肋部，肘走直线，发力短促，节短势险，对方略有不慎，即可造成重创。上步顶肘时，步伐要大，出肘时拧腰顺肩，快速有力。

二、挑肘

【动作说明】首先，按左前式基本格斗站姿站立（图2-3-7）。然后，身体左转，右脚向前上步，右臂肘关节略微内收，腋部夹紧（图2-3-8）。随即，右脚向前迈进半步，身体左转，重心前移，右臂屈肘随势画弧上扬，向前、向上挑肘，肘尖朝前，高过于肩，拳面朝后，拳眼向下，力达肘尖，左臂屈肘护于胸前，目视前方，出肘瞬间配合呼气（图2-3-9）。

图 2-3-7

图 2-3-8

图 2-3-9

【**技术要点**】挑肘之关键在于身体的转动，转身动作要迅速、灵活、稳健、有力，动作连贯，转动时以腰胯为轴，要求做到腰灵不僵，胯动不滞。以腰为轴带动上肢，做到拧腰顺肩，沉胯扣裆。出肘发力的正确顺序是，足催胯，胯催腰，腰催肩，肩催肘。从脚跟起，有一个"转"与"蹬"的力，传送至腰有一个"催"和"转"的力，达于手肘时有一个"送"的力。

【**实战应用**】实战中，敌我双方对峙（图2-3-10）。对手突然用右拳击打我胸部，我迅速身体左转，右脚上步，左臂屈肘以前臂尺骨为力点向外磕挡对手右臂，同时右臂屈肘夹紧，蓄势待发（图2-3-11）。随即，身体猛然左转，右脚逼近半步，将身体尽量靠近对手，以迅雷不及掩耳之势扭腰、抖肩，挥右臂挑肘，肘尖自下而上猛袭对方下颌部，令其重挫后仰（图2-3-12）。

图 2-3-10

图 2-3-11

图 2-3-12

【要领解析】挑肘的攻击时机应选在双方贴身近战，对手上盘前探，重心因用力过猛而前倾，下颌露出空当时。出肘时要拧腰发力，重心上提，力达肘尖，劲道快爆，同时配合呼气发声，以声助力。出肘路线由下向上，弧线运行，要充分体现出"挑"的势态。挑肘同时，左手应马上收护于右胸前，以防自身上盘空虚，做到攻防结合。整个动作要快捷连贯，发于一瞬，令对方防不胜防，上步其身要尽量靠近对方，缩短彼此间距离，以便充分发挥近身肘法的威力。

三、砸肘

【动作说明】首先，按左前式基本格斗站姿站立（图2-3-13）。然后，左臂屈肘内旋，横挡于腹前，右臂屈肘向上尽力抬起，肘尖高于肩部，身体重心略上提（图2-3-14）。随即，右臂屈肘，肘尖下垂，以肘尖为力点垂直向下钉砸，力达肘尖，身体重心随之下沉，目视前下方，出肘瞬间配合呼气（图2-3-15）。

图 2-3-13

图 2-3-14

图 2-3-15

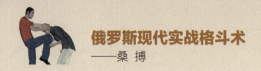
【技术要点】右臂上抬要尽量抬高，向下钉砸时要沉肩坠肘，身体重心随之下沉，以助发力。

【实战应用】实战中，敌我双方对峙（图2-3-16）。对手突然俯身向前，用双手抓抱住我前腿膝窝处，并使劲拉扯，欲将我摔倒（图2-3-17）。我迅疾伸出左手抓住对手右肩胛或按住其颈部，令其无法抬头，同时右臂快速抬起，于身前突然屈肘向下钉砸对手后背，力达肘尖，制敌于瞬间（图2-3-18）。

图 2-3-16

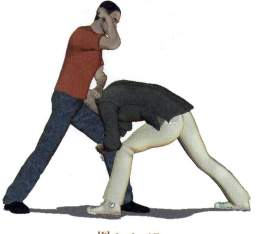

图 2-3-17

图 2-3-18

【要领解析】砸肘又称下击肘，主要用于腰、腿被抱时砸击对手后脑或后腰。左手在动作过程中一定要牢牢控制住对手的头颈部，防止其脱逃，右肘向下钉砸时，上身应左转，两腿要略屈，重心下沉，似板上钉钉，如张弓之箭，未发时其力不可揣测，发时瞬间尽舒，劲力无穷。

四、横肘

【动作说明】首先，按左前式基本格斗站姿站立（图2-3-19）。然后，左臂内旋略微伸直，右臂屈肘夹紧，蓄势待发（图2-3-20）。随即，身体猛然左转，右脚快速向前上步，同时右臂内旋屈肘，拳心向下，以肘尖为力点随转体向前、向左于胸前横扫，肘尖斜向右前方，高与胸齐，目视右前方，出肘瞬间配合呼气（图2-3-21）。

图 2-3-19

图 2-3-20

图 2-3-21

【技术要点】肘部横扫时以腰胯带动肢体运动，腰实胯沉，胯合膝稳，拧腰顺胯。整体要求动作与身法、步法紧密配合，协调一致，节奏清晰、准确，动作连贯、轻灵，中间切勿停顿。

【实战应用】实战中，敌我双方对峙（图 2-3-22）。对手突然用右拳击打我胸部，我迅速以左臂向外格挡，化解危机（图 2-3-23）。随即，我身体猛然向左拧转，右脚快速上步、进身，同时右臂内旋屈肘，以肘尖为力点随转体向前、向左横扫对手左侧太阳穴或者下颌部位，令其头部遭受重创（图 2-3-24）。

图 2-3-22

图 2-3-23

图 2-3-24

【**要领解析**】横肘又称摆肘，主要用于击打对手头部太阳穴、后脑、耳朵、颈部及胸肋部。动作要求迅猛有力，借身体拧转时之惯性发力，做到动作稳实，发力顺畅。进身速度要快，手随身进，身手合一，出肘速度要快，干脆利落，切勿拖泥带水。

五、扫肘

【**动作说明**】首先，按左前式基本格斗站姿站立（图2-3-25）。然后，左臂屈肘向下劈砸，高与腹齐，右臂屈肘夹紧（图2-3-26）。随即，身体向右旋转180度，右脚随势向右后方撤一大步，同时右臂屈肘夹紧，随身体转动向右后方横扫，高与肩齐，拳心向下，力达肘尖，目视右肘尖，出肘瞬间配合呼气（图2-3-27）。

图 2-3-25

图 2-3-26

图 2-3-27

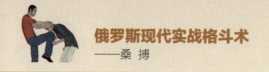
【技术要点】转身动作要迅速、灵活、稳健，动作连贯，不僵不滞。肘部运动由身体的旋转带动发力。

【实战应用】实战中，敌我双方对峙（图2-3-28）。对手突然用右拳击打我腹部，我迅速用左臂向下磕截对手右手腕部（图2-3-29）。随即，我身体猛然右后转，右腿向右后方插步，转身同时右臂屈肘夹紧，快速抡起，以迅雷不及掩耳之势画弧形路线向右后上方横扫而出，以肘尖为力点击打对方头面部、太阳穴等要害（图2-3-30）。

图2-3-28

图2-3-29

图2-3-30

【要领解析】扫肘的诀窍在于出奇制胜，出招时一定要看准时机，令对方防范不及而中招受制。转身时要步法稳健，保持身体的平衡。插步时，重心先落在左脚，作为转身的轴心，待右脚后插落地时，重心再移至右脚。扫肘与步法、身法要配合协调。肘由腰发力，腰催肩，肩带肘，肘行大弧线，借旋转惯性来加大扫肘的打击力度。

第四节　膝法打击技术

　　膝法打击技术其实也是腿法打击技术的一种，只是由于它的攻击方式和用途同其他腿法有着显著的区别，所以我们单列一节来加以介绍。

　　膝法打击技术是以膝盖为着力点来打击对手的技术，是中近距离攻击对手的有效武器。其撞击速度快，力度大，进攻路线短，隐蔽性强，近身搂抱时发起攻击，令对手难以察觉。实战中，将膝关节作为攻击武器和防御盾牌，效果甚佳。同时膝关节的攻击范围也比较广泛，包括胸部、腹部、裆部、肋部、面部等，在近身肉搏时，往往能够起到一锤定音的效果。

一、正顶膝

　　【动作说明】首先，按左前式基本格斗站姿站立（图 2-4-1）。然后，身体重心向前移动，右腿随势屈膝抬起，以膝盖为力点向前上方顶撞，略高于胯部，目视前方，出腿瞬间呼气（图 2-4-2）。

图 2-4-1

图 2-4-2

【技术要点】身体重心向前过渡要迅捷，右腿起腿要快，髋部要向前放出，提膝上顶时可以适当收腹。支撑腿略微弯曲，以保持身体的平衡、稳定。

【实战应用】实战中，敌我双方对峙（图2-4-3）。我主动进攻，突然进身，用双手抓住对手双肩，并用力向回拉扯，缩短彼此距离，同时提起右膝，以膝盖为力点向前上方猛力顶撞对手腹部或者裆部（图2-4-4）。如果对手身体素质偏弱，我也可以用双手搂抱住其脖颈，向下用力拉扯的同时，抬起膝盖顶撞其面门（图2-4-5）。

图2-4-3　　　　　　　　图2-4-4

图2-4-5

【要领解析】实战中正顶膝是一种在近身缠斗时常用的腿法，往往左右连续出击，注意提膝的前提是双手一定要先行控制住对手的上盘，缩短交手距离后，打击才能行之有效。上下肢协同动作，可使杀伤力倍增。

二、侧撞膝

【动作说明】首先，按右前式基本格斗站姿站立（图2-4-6）。然后，右脚跟突然内扣，挺膝直立，身体向右转动，左腿随之屈膝抬起，左脚向外横摆，随身体转动向右前方沿弧形路线横顶撞出，力达膝盖，高与胯齐，目视前方，出腿瞬间呼气（图2-4-7）。

图 2-4-6   图 2-4-7

【技术要点】身体转动要快，抬腿迅速，上体要适当向右倾斜，注意支撑腿的稳定，以身体的转动带动腿部动作，拧腰转体发力。

【实战应用】实战中，敌我双方对峙（图2-4-8）。对手实力较强，防守严密，一时无法由正面发起有效进攻，可以突然身体向右拧转，抬起左腿，屈膝横向顶撞对手胸腹部或者

图 2-4-8

侧肋（图 2-4-9）。也可以用于对手转身换势时，横撞其后腰（图 2-4-10）。

【要领解析】侧撞膝是沿弧形路线运动的膝法打击技术，所以在进攻时要掌握好敌我交手距离，并且最好是在隐蔽的情况下出腿，突然袭击，攻其不备，威力更大。

图 2-4-9

图 2-4-10

三、跪膝

【动作说明】首先，按左前式基本格斗站姿站立（图 2-4-11）。然后，身体向左转动，重心突然下沉，右腿随势屈膝下蹲，膝盖向下直接跪地，力达膝盖，目视前下方，下跪瞬间呼气（图 2-4-12）。

【技术要点】下跪腿的脚跟要抬起，以前脚掌着地。跪地动作完成后，要迅速蹬地站起，还原成基本格斗姿势。动作过程中注意保持身体的平衡，切勿左右摇摆。

【实战应用】跪膝技术主要应用于地面格斗，当将对手制伏或摔倒在地以后，对其进行进一步的打击，杀伤力强大，往往是致命一击。跪击的目标根据临场实际情况有所不同，如果对手是仰面摔倒，主要打击目标为头颈部（图 2-4-13）、胸腹部（图 2-4-14）、裆部（图 2-4-15）。如果对手是俯身趴伏地面，则

图 2-4-11

图 2-4-12

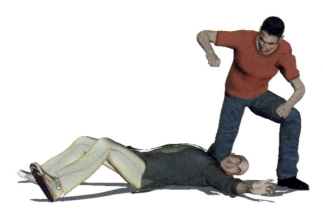

图 2-4-13

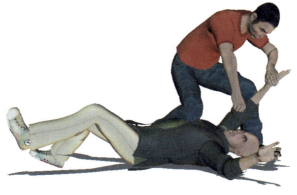

图 2-4-14

打击的部位主要是后背、腰椎（图2-4-16），或者肩胛骨部位（图2-4-17）。如果对手是侧身倒地，则主要跪击其一侧软肋（图2-4-18）。

【要领解析】跪地时注意身体重心一定要随之下沉，以全身之力施加于膝盖、作用于对手身体要害，如金刚捣碓，令对手无法抗拒，一名桑搏高手的铁膝可以瞬间将砖击碎，足见其威力之大。

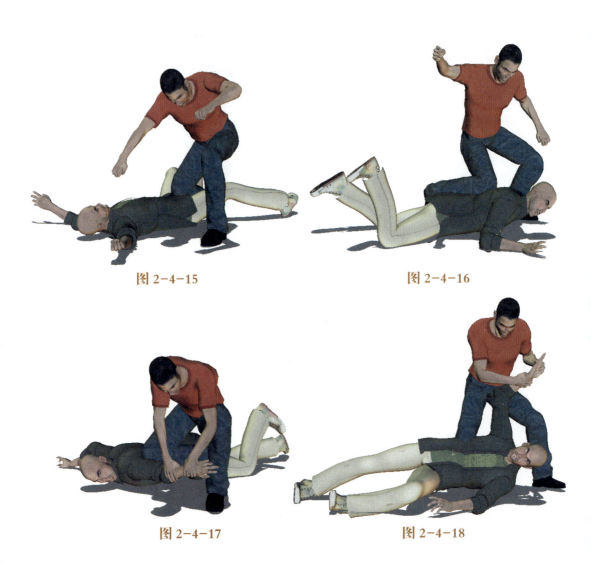

图2-4-15

图2-4-16

图2-4-17

图2-4-18

第三章　桑搏擒锁技术

　　桑搏的擒锁技术类似于中国的擒拿技法和日本古传柔术关节技，技术手法有些差异，但控制人体肢体的基本原理大同小异。都是利用人体主要关节的活动规律和要害的弱点，针对格斗实际情况，以巧制关节为手段，以擒伏对手为目标，运用杠杆原理，对对手施以反关节手法，使其被锁关节失去活动能力或产生剧痛而失去反抗能力，从而束手就擒。

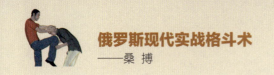
桑搏擒锁技术依据力学原理，多以臂骨和腹部为杠杆，结合扳、别、撬、扛、压等擒锁手法，以克制对手肘关节、颈喉部、小腿部、腕关节为目标，最大限度地发挥了自身的力量，其精妙之处在于集全身之力借助杠杆，对对手最薄弱的关节部位进行毁灭性的打击，达到锁其一点而制全身，以小搏大、以柔克刚的制敌效果。

擒锁技术是一种"斗智、斗勇、斗力、斗巧"的对抗性技击运动，既蕴含深刻的科学道理，又有较大的技术难度；既要拼体力，又要拼智慧。擒锁取胜的关键全在于"奇"与"巧"二字。"奇"表现在善于随机应变，出人意料；"巧"表现在以小力破大力，四两拨千斤。要做到"奇"与"巧"，就要眼明手快，多动脑筋，能在瞬息万变之中，判断出对手的弱点，找到对策以巧取胜。

第一节　针对颈部的擒锁技术

颈部位于头、胸和上肢之间。其间颈椎将颅骨和胸椎相连接，并发出 8 对颈神经，形成颈丛神经和臂丛神经。颈椎由 7 个椎骨连接而成，颈椎的寰枕关节和寰枢关节是脊柱和颅骨相连接的重要关节，是大脑与脊髓、头与身体相连接的枢纽。颈前方中线有呼吸和消化道的颈段，两侧有纵行排列的大血管、神经和淋巴结。颈部是人体主要的呼吸通道，也是人体供给大脑血液的唯一通道。

由于颈部所处的重要位置，以及其生理结构、生理作用、运动特点的特殊性，在实战中针对颈部实施有效的擒锁，可导致对手大脑、中枢神经供血不足，刺激或损伤颈部神经与淋巴，甚至造成窒息、昏厥，最终达到彻底制伏对手的目的。

一、抓肩前锁颈

【动作说明】实战中，双方对峙（图 3-1-1）。对手突然上步以左直拳或者摆拳击打我头部，我迅速屈肘抬起右臂，以前臂外侧为力点向外格挡对手左前臂内侧，同时趁对手上步进身、上体前俯之机，迅速伸出左手抓住其右侧肩头，顺势向回用力拉扯（图 3-1-2）。随即，右臂快速由对手头部左侧绕至其颈部后方，屈肘、内旋向下夹锁住对手脖颈，左手配合用力下按其右肩头（图 3-1-3）。上动不停，右臂继续夹紧，右手向左上方提拉，并扣抓住自己左手腕部，上体后仰，双臂协同用力牢牢锁别住对手的颈部，继而，左脚向后撤步，身体向左拧转，猛然间再次对其颈部进行横向的别折，可以彻底令其屈服（图 3-1-4）。

图 3-1-1　　　　　　　　　　　　图 3-1-2

【要领解析】锁颈过程中，右手一定要牢牢抓住自己左手腕部，右前臂要向上提拉，以尺骨勒住对手咽喉部位，右上臂与右肩部要有意识地向下沉压，腋窝夹紧，与前臂形成交错的夹角，从而对其颈部实施纵向的折别，可以导致对手窒息。进一步的撤步、转身动作要突然，可瞬间对其颈椎造成打击。在实

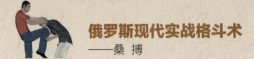
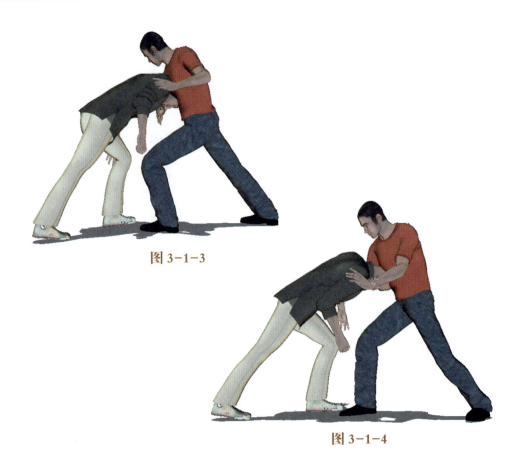

图 3-1-3

图 3-1-4

战运用中，要注意防范对手用勾拳和顶膝动作反抗，提高自我保护意识。

二、踢裆前锁颈

【**动作说明**】实战中，双方对峙（图 3-1-5）。我主动进攻，突然抬起左脚，以弹踢腿袭击对手裆腹部，对手出于防范本能，势必缩裆躲避，而导致上体前俯，为我创造锁颈的最佳机会（图 3-1-6）。在对手俯身低头的瞬间，我左脚迅速向前落步、踏实，并张开右臂自上而下猛然夹抱住对手的脖颈，屈肘以右前臂尺骨为力点向上锁别其咽喉，同时身体重心向右偏移，以令其颈部受挫（图3-1-7）。

图 3-1-5

图 3-1-6

图 3-1-7

【要领解析】弹腿踢击对手时，无论是否击中目标，都要立即向前落脚，以缩短彼此交手距离，为下一步的锁控打好基础。右臂夹抱要及时、牢固，要将对手的头颈紧贴于自己的右肋侧。整个动作要求干净利落，反应敏捷，胆大心细，配合巧妙。

三、背后绞锁

【动作说明】实战擒敌时，我由对手背后跟进（图 3-1-8）。突然抬起右臂，自后向前挥臂、屈肘，以前臂为力点横击对手咽喉，随即右臂夹紧、搂锁住对手喉颈部（图 3-1-9）。然后，我左臂屈肘向上抬起，肘尖搭靠于对手左肩头旁边，同时右手迅速抓住左上臂肘窝处，并用左肘窝夹紧右手（图 3-1-10）。继而，在右臂猛然向后回拉以锁卡对手喉结、脖颈的同时，左臂继续屈肘，左

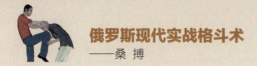

手内旋用力，以掌心为力点向前推按对手后脑，双臂协同动作，令其因窒息而屈服（图 3-1-11）。

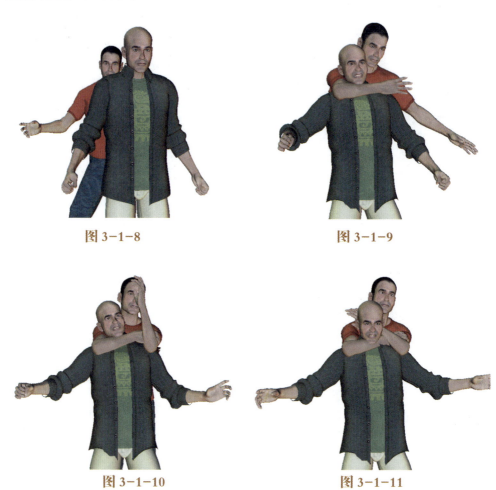

图 3-1-8

图 3-1-9

图 3-1-10

图 3-1-11

【要领解析】此势是利用右臂与左手交错发力，来控制压迫对手颈动脉，可导致其大脑供血不足、昏迷，一旦得手，对方很难解脱。完成动作时，要求两臂同时发力，注意绞锁时右手一定要抓牢左臂肘窝。

四、背后穿臂锁颈

【**动作说明**】实战擒敌时，我由对手背后跟进（图3-1-12）。突然抬起右臂，屈肘，以前前臂及肘窝部搂锁住对手喉颈部，同时左臂由对手左腋下快速插入（图3-1-13）。上动不停，我左臂向左上方用力撩起对手左臂膀，并用力后拉（图3-1-14）。随即，我左臂屈肘、内旋，左手以掌心为力点向前推压对手后脑，两手前后交错发力，锁控对手头颈部的同时也起到折伤其左侧肩关节的作用（图3-1-15）。

图3-1-12

图3-1-13

图3-1-14

图3-1-15

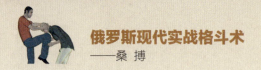

【要领解析】整个动作要求运用自如，连贯顺畅，切勿动作脱节，否则适得其反。

五、背后裸绞

【动作说明】实战擒敌时，我由背后接近对手（图 3-1-16）。突然右臂向前伸出，屈肘以前前臂及肘窝部搂锁住对手脖颈部位，同时左臂屈肘，左手自上而下抓握住自己右手腕部，并用力向后拉扯，以控制对手颈部，使其咽喉受阻，导致呼吸困难（图 3-1-17）。随即，我左脚向后退一步，双腿屈膝下蹲，重心突然下沉，两臂后拉，令对手身体失去平衡，向后摔倒，我右腿膝盖前挺，顶击其后背及腰部（图 3-1-18）。

图 3-1-16

图 3-1-17

图 3-1-18

【要领解析】左手要始终牢牢抓住右手腕部，整个动作要求迅捷连贯，后拉时重心下沉突然。右侧胸部配合拉扯动作向前挤顶对手后脑，交错用力，以导致其颈椎折断。

六、前扑抱锁

【动作说明】实战中，敌我双方交手（图 3-1-19）。对手主动进攻，突然左脚上步蹿进，低头俯身，伸出双手扑过来，欲抱住我双腿进行扑摔（图 3-1-20）。此时我迅速反应，将前腿向后撤回一步，上身快速前俯，同时伸出双臂用力环抱住对手头颈部，将头和胸部紧紧贴靠在对手后背上，双臂勒紧，重心前移、下沉，利用整个身体的重量将对手压倒在地（图 3-1-21）。

图 3-1-19

图 3-1-20

图 3-1-21

【要领解析】撤步、俯身、锁抱这一系列动作要求完成得连贯、敏捷，出其不意，双臂锁抱一定要牢固，上体务必紧紧贴靠在对手后背上，令其无法逃脱，利用身体向前栽扑的惯性将其扑倒，同时双腿用力后蹬辅助发力。

七、背后单臂锁

【动作说明】实战中，我于对手背后悄悄跟进，进行偷袭、捕俘（图3-1-22）。靠近对手时，我右脚向前上步置于其两脚后方，右臂由后向前伸出，掌心向下，屈肘钩锁对手颈部，以前臂为力点击打其喉结，同时左手握拳使劲捣击对手后腰眼，令其剧痛而向后仰身（图3-1-23）。此时我左脚向后撤一大步，身体重心下沉，右臂锁住其脖颈随势向下拉带，右侧肩头用力向前挤顶对手后脑，从而达到彻底制伏的目的（图3-1-24）。

图 3-1-22

【要领解析】左右手动作要求配合协调，捣击有力，力达拳面。向后撤步要快速，重心下沉要突然，左手配合可以抓住对手左肩头向后拉扯。整个动作要求干净利落，切勿拖泥带水。

图 3-1-23

图 3-1-24

八、别腮锁颈

【动作说明】实战中，敌我双方对峙（图 3-1-25）。对手突然用右直拳击打我头部，我迅速闪身躲避，并用双前前臂向右侧推挡对手右前臂外侧，以化解其攻势（图 3-1-26）。随即，我左脚迅速向对手身后移动，右臂向下按

图 3-1-25

图 3-1-26

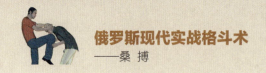

压对手右手臂，并屈肘将其搂抱住，同时左臂屈肘，自对手脑后绕过，圈锁住其脖颈，左手立腕呈手刀形状，以掌背紧贴对手右腮部（图 3-1-27）。继而，身体向左侧倾斜，左臂屈肘夹紧对手颈部，手掌掌背紧贴对手右腮，随身体的运动向左后方用力别其腮，同时身体重心向左下方下沉，并左后转体，通过别腮锁颈与身体的转动，瞬间可将对手制伏在地（图 3-1-28）。

图 3-1-27

图 3-1-28

【要领解析】左臂圈锁要紧，手刀别腮要有力度。整个动作过程中，右臂要始终牢牢控制住对手的右臂。动作要求连贯协调，一气呵成。

九、地面单臂锁

【动作说明】实战中，我在对手背后悄悄跟进，伺机而动（图 3-1-29）。时机成熟时，突然俯身，双手自后向前快速搂抱住对手两腿膝盖处，并用力提拉，同时用左肩头顶撞其右大腿根部，使其重心不稳，身体失去平衡，向前扑摔在地（图 3-1-30）。对手倒地后，我迅速前跃，左腿屈膝骑跪于对手左侧肩胛骨上方，同时左手牢牢将其左手按压在地上，右手用力按住其后脑（图 3-1-31）。对手由于头部被向下按压，出于本能会用力向上翘起，我身体猛然向左侧旋转，右膝跪地，左膝抬起，右臂屈肘顺势由其下颌下方穿过，以前臂为力点锁控住其咽喉部位，同时左手迅速抓起对手左手，反关节向左后方拉扯，以左侧大腿垫住对手左臂肘关节外侧，用力向后下方按压，令对手束手就擒（图3-1-32）。

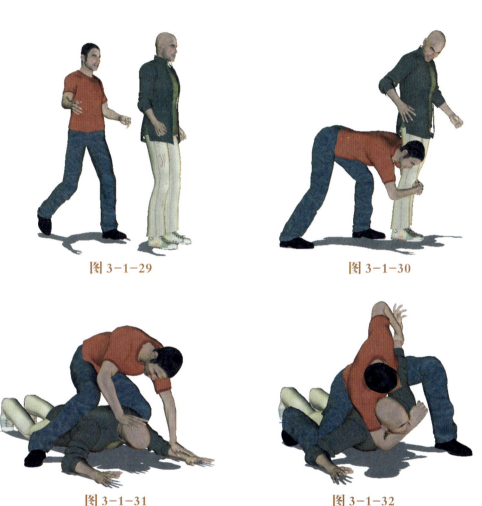

图 3-1-29　　　　　　　　　　　图 3-1-30

图 3-1-31　　　　　　　　　　　图 3-1-32

【要领解析】抱膝时，后腿要用力蹬地，上体前送。抱膝摔与锁颈拉手动作要配合协调，发力连贯。前跃、骑跪动作要敏捷、轻灵，同时注意整个过程中自身重心的转换。

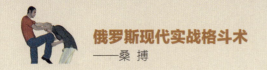
十、地面裸绞

【动作说明】实战中，我隐藏于对手背后，突然俯身用双手自后向前搂抱住对手两膝，同时用肩头或头部猛力顶撞其臀部（图3-1-33）。对手因遭到撞击、身体失去平衡，重心前倾（图3-1-34）。对手扑摔在地瞬间，我迅速前跃，两腿屈膝分开，骑坐在对手后腰上，并且用左手牢牢按住其左肩头，同时右手握拳，准备乘胜追击（图3-1-35）。在对手被压倒，暂时没有反击能力的情况下，我可以进一步用右拳打击对手右侧太阳穴。对手有可能扭动脖颈躲闪，我右拳如果击空，可以顺势将右前臂从对手颈下穿过，锁住其喉咙，并用左手抓住自己右手腕部猛力向上提拉（图3-1-36）。

图 3-1-33

图 3-1-34

图 3-1-35

图 3-1-36

【要领解析】抱摔时双手与上身顶撞的动作要配合协调，并且要求快捷、迅猛，令对手措手不及，致使其因突然扑摔而造成头面部损伤。前跃时，臀部要用力向下坐压对手腰部。打击太阳穴要准确有力。锁颈时，要双手协调发力，向上提拉时，头部与上身要有意识地前抬。

第二节　针对腕关节的擒锁技术

腕关节是前臂的主要关节，处于整个上肢运动链的游离端，手、拳、掌、指的运动都是通过腕关节来实现的。腕部主要由桡尺远侧关节、桡腕关节和腕骨间关节所组成。腕骨由 8 块小骨构成，骨与骨之间都是依靠韧带来连接的。腕关节的活动范围很大，能做前屈、后伸、内旋、外旋等运动。但由于骨与骨之间完全靠韧带连接（此处肌肉很薄弱），故在外力压迫和暴力打击下，极易超出其正常的生理活动范围，轻则造成韧带撕裂、脱臼，重则可导致骨折。

手腕部的运动是桡腕关节和腕骨间关节共同运动的结果，两个关节可沿两个运动轴共同进行运动。

腕关节的旋动范围非常有限，手腕内旋与外旋时（即左右旋转手腕）会引起尺、桡骨互相拧绞，会使上肢运动链系受到相互牵制，导致相关神经剧烈疼痛。

一、揽臂折腕

【动作说明】我隐藏在对手背后，伺机而动（图3-2-1）。时机成熟时，突然伸出左手，从对手右臂内侧插入，并揽抓住其上臂内侧，将其上臂牢牢贴在我胸前，同时右手迅速抓住对方右手手背，翻腕内旋，向自己胸部方向横向用力折压，以折断其腕关节（图3-2-2）。

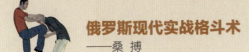

图 3-2-1

图 3-2-2

【要领解析】揽臂时要尽量使对方上臂靠近自己胸部，用胸部顶住其上臂与肘部外侧，揽臂与折腕动作要同时进行，右手抓握对手右手一定要紧，切勿松脱，要尽量使其向内最大限度弯折，注意抓握的部位应该是其指关节根部，而非靠近腕关节部位。

二、携肘折腕

【动作说明】对手正在徘徊或走动时，我从其背后悄悄跟进（图3-2-3）。突然左手由其右臂内侧快速插入，用力拉扣住其右肘窝，将其上臂牢牢贴在我胸前，同时右手掯抓住对方右手手背（图3-2-4）。随即，我右手抓牢其右手手背迅速上提至我右胸前以折其手腕，同时左手松开对手右肘窝，并快速搭按于我右手手背上，配合右手共同完成折腕动作（图3-2-5）。

图 3-2-3

 图 3-2-4　　　　　　　　　　　　　　　图 3-2-5

【要领解析】控制对手手腕时，务必要将其右上臂牢牢固定于胸前。拉肘、抓手动作要快速、敏捷。折腕时，右臂要紧紧夹住对手右上臂，以防止其肘臂挣脱。

三、外旋拧腕

【动作说明】实战中，对手突然上步，以右掌掌背为力点抽打我面部，我迅速用右手拦截，顺势抓住其右掌掌刃，并用力向后拉扯其手臂（图 3-2-6）。同时左手配合右手，抓住其右掌大拇指一侧，双手牢牢控制住对手右掌（图 3-2-7）。继而，身体左转，双手协同动作，向左下方拧转对手右掌，令其腕关节外旋过度，身体重心因手腕的疼痛而向后方偏斜（图 3-2-8）。我双手瞬间发力的拧转，可以导致对手重心失衡、站立不稳而摔倒（图 3-2-9）。

【要领解析】双手抓拧对手右臂要迅速、有力，拧转之前一定要将其手臂后拉。整个动作要求连贯协调，一蹴而就。

图 3-2-6

图 3-2-7

图 3-2-8

图 3-2-9

四、抓拳正折腕

【动作说明】实战中，敌我双方对峙（图 3-2-10）。对手主动进攻，突然上步以右勾拳自下而上袭击我胸腹部，我迅速缩身躲避，并用右手自上而下抓住其右拳拳面，攥紧并用力前推、下压（图 3-2-11）。同时左手配合右手，虎口向前抓住对手右手腕部，继而左手托住其右手腕部，右手抓住其右拳向前下方用力推顶，令其右手腕关节受挫，疼痛难忍，而丧失打击能力（图3-2-12）。

图 3-2-10

图 3-2-11

图 3-2-12

【要领解析】抓握对手右拳要及时、准确，折其腕关节时双手要协同动作，左手托住其腕部，右手要向前推动，形成撅折的形态。

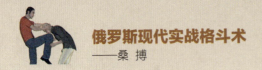

五、地面折腕

【动作说明】实战中，我由对手背后逼近（图3-2-13）。突然用左手抓住其左手腕部，并用力向左后方拉拽，同时右手从后面由对手两腿间插入，牢牢抓住其裆部要害，猛然上提，令其失去平衡，重心不稳（图3-2-14）。对手倒地瞬间，我迅速右腿屈膝，以膝盖向下跪压对手左肩胛骨，左手抓住其手腕向左侧提拉，迫使其肘关节翻转被反关节控制，右手同时按住其后背，防止其反抗（图3-2-15）。随即，左手继续翻转，抓按住其左手手背，

图 3-2-13

令其左手腕关节活动范围超越极限（图3-2-16）。继而，身体向右转动，左手抓按住其左手手背，右手顺势向下移动，抓住其腕部，双手同时用力掰折其腕关节，彻底将其制伏于地面（图3-2-17）。

图 3-2-14

图 3-2-15

图 3-2-16

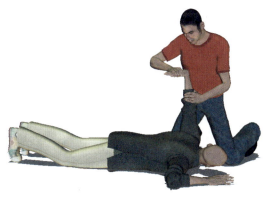

图 3-2-17

【要领解析】抓提对手裆部要准确、有力。跪肩时身体重心要随之下沉，以助发力。对其手臂的锁控要坚固可靠，防止其滚动挣脱。整个动作要求干净利落，切勿拖泥带水。

六、抓臂撅腕

【动作说明】实战中，敌我双方对峙（图3-2-18）。我主动进攻，以右手勾拳击打对手腹部，被对手察觉意图，其先行伸出左手阻挡，用左手反臂、虎口向下抓握住我右前臂，并欲对我实施控制（图3-2-19）。我迅速将右臂屈肘向上抬起，同时左臂屈肘，左手自上而下扣按住对手左手手背，随即身体略右转，上体前倾，重心下沉，周身合力以撅折其左手腕关节（图3-2-20）。

图 3-2-18

图 3-2-19

图 3-2-20

【要领解析】左手抓按对手左手手背时，一定要以掌刃为力点按压住其手背腕关节处。重心前倾、下沉速度要快，要与撅折动作配合协调，整体发力。反应要迅速，切勿迟疑，否则贻误战机。

七、抓胸撅腕

【动作说明】实战中，敌我双方对峙（图3-2-21）。对手主动进攻，突然伸出右手抓住我胸部衣襟，并用力向后拉扯，欲将我拽倒（图3-2-22）。我可迅速用双手自上而下同时抓握住对手右手手掌，两虎口均向上，以两掌掌刃为力点按压住其右手腕部，双手拇指同时顶扣其手掌掌心，同时重心前移，上体前倾、下压，两臂外旋向前下方撅折其右手腕关节（图3-2-23）。

图 3-2-21

图 3-2-22

图 3-2-23

【要领解析】双手抓握对手右手的速度要快，抓握要牢固，两手的掌刃部位一定要压住其右手手背掌跟部位。撅腕时，上体要有前送的意识，用胸部协助双手动作，以对其手腕施加压力。整个动作出手果断，劲力通透。

八、抓发撅腕

【动作说明】实战中，敌我双方对峙（图 3-2-24）。对手趁我不备，突然伸出右手自上而下抓住我的头发，并用力向下、向后拉扯（图 3-2-25）。此时我迅速用双手自上而下扣抓住对方右手背部，使之无法撤手，同时上体前倾，快速低头，重心向前下方移动，用头顶和双手协同作用来撅折对手右手腕关节（图 3-2-26）。

图 3-2-24

图 3-2-25　　　　　　　　　图 3-2-26

【要领解析】此技术克敌正面抓发颇为有效，即使对手力大腕粗，也能克敌制胜。抓握对手右手时，要注意是以两手的小指外侧为力点扣住其右手腕关节，并使其右手紧紧贴按于自己头顶。撅腕时，身体一定要前俯、送头，上肢与头部动作要配合协调，整体发力，一触即发。

第三节　针对肘关节的擒锁技术

肘关节位于上臂与前臂之间，是整个上肢运动链的中枢环节，控制了肘部就可以说基本上控制了上肢，在实战中对对手擒锁有一半是通过擒锁肘关节来实现的。

肘关节是一个复杂的关节，同时也是个比较薄弱的关节。由肱骨、桡骨、尺骨的相应部分共同包绕在一个关节囊内构成，可分为肱尺部、肱桡部和桡尺部三个部分。

肘关节向体侧内屈，可以达到 160 ~ 170 度，是活动度最大的一个方向，一般不考虑这个方向的施力。肘关节的外伸角度却极小，实战中常常因为细小的撞力（固定腕部，对肘尖加压或撞打）即会造成肘关节脱臼或韧带拉伤、鹰嘴骨折等。

　　肘关节系双轴关节，除直臂和屈臂间的运动范围较大外，内收和外展均只有 45 度左右，为了更有效地控制对手，就必须想方设法从对手关节最低的临界点入手。肘关节上屈的活动幅度一般为 100 ～ 120 度，实战中也很少直接由上屈来实施擒锁。但上屈时较易控制对手肘关节，故常采用先令其上屈，再向外翻的方式使其立肘时后倒，此时其肘关节的活动幅度仅有 10 ～ 15 度。屈肘别臂对肘关节上扳的活动幅度也只有 15 ～ 20 度。

　　所有针对肘关节的擒锁控制都应该从对手外拐上挺、立肘外翻、屈肘别臂上扳时发起进攻，控制才行之有效。

一、转身锁别肘

　　【动作说明】实战中，敌我双方对峙（图 3-3-1）。对手突然用左直拳击打我胸部，我迅速闪身躲让，并用左手向外格挡刁抓其左手腕部（图 3-3-2）。随即，我右脚上步落步于对手两脚前，并向左转身，右臂屈肘以肘臂内侧自上而下夹住对手左上臂，右手抓住其左手腕部（图 3-3-3）。上动不停，我身体继续左转，双手同时向左后方拉扯，全身协同发力，以夹别其肘关节（图 3-3-4）。

图 3-3-1　　　　　　　　　　　　　图 3-3-2

图 3-3-3　　　　　　　　　　　　　　图 3-3-4

【要领解析】闪身、挡抓、上步、夹臂这一系列动作要求快速连贯，一气呵成，不能出现脱节，抓、夹要紧、牢，转身要突然，转身时双手要尽力向胸前搬拉对手的左臂，以自身躯体为支点对其肘部实施别锁。同时注意右腿要用力蹬直，以牵绊对手下肢。

二、缠别锁肘

【动作说明】实战中，敌我双方对峙（图 3-3-5）。对手主动进攻，突然伸出右手抓住我胸部衣襟，并用力拉扯（图 3-3-6）。我快速上步，右臂由外向内螺旋缠绕对手右手臂肘，继而由其肘窝腋下穿过按住其胸部，牢牢缠锁住其肘关节，同时用左手自上而下抠抓对手下颌，并用力向后拉扯，可导致其重心不稳，摔倒在地（图 3-3-7）。

图 3-3-5

图 3-3-6

图 3-3-7

【要领解析】面对强敌需沉着冷静，灵活应对。缠绕动作要求顺畅有力，左右手动作配合协调，出手迅猛，出其不意，使对手猝不及防。

三、切腕锁肘

【动作说明】实战中，敌我双方对峙（图 3-3-8）。对手突然抡起右掌以掌背为力点反扇我面门，我迅速用左手接抓来掌的腕部，阻挡其进攻（图 3-3-9）。

图 3-3-8

图 3-3-9

随即，我身体略向左转，右脚向前上步，落脚于对手前脚后侧，同时右手由对手右臂肘弯侧穿过，缠绕至其右腕前下方，掌心向下，对其右臂实施拿控（图3-3-10）。继而，我身体继续左转，右臂内旋，右掌以掌刃为力点，向下、向左切压对手右手腕部，右肘尖向上抬起，以达到锁控其肘关节之目的，可令其疼痛难忍而向后仰身（图3-3-11）。

图 3-3-10   图 3-3-11

【要领解析】右臂的缠绕动作是按螺旋形路线运动的，右掌切压对手右手腕部时，我右臂肘关节要向上抬起，力达掌刃。同时要注意，右腿一定要插入对手前腿后侧，锁定其下盘，以利于将其摔倒。上下肢动作要协调一致，身手合一。

四、拧腕托肘

【动作说明】实战中，敌我双方对峙（图3-3-12）。对手突然用左拳贯击我右耳，我迅速用右手刁抓住对手左手腕部，并用力向右、向下、向左、向上拧臂牵绕，令其左臂反拧，手心向上，肘尖向下，同时伸出左手自下而上托抓住对手左肘外侧（图3-3-13）。随即身体猛然右转，左脚向左前方上步，落脚于对手两腿后侧，重心随转体向右移动，同时右手抓住其左手腕部继续向上、向右、向下抓压，左手则进一步沿其手臂向前伸入对手左肩下方，掌心向上托起，双手协同动作，右手下压，左手上托，交错发力（图3-3-14）。

图 3-3-12　　　　　　　　　　　　　　图 3-3-13

图 3-3-14

【要领解析】出手果断、凶狠，瞬间可造成肘断肩脱。托肘时用手指掐拿其肘部曲池穴，可致使其手臂麻木。转体、上步的同时左手顺势沿其上臂插入其肩下，此动作要求顺畅自然，手随身进，身手合一。胆大心细，应敌沉着。

五、推腕勾肘

【动作说明】实战中，敌我双方对峙（图3-3-15）。对手突然右脚上步，用右摆拳袭击我头部，我迅速抬起左掌，以掌刃为力点向外劈砍其腕部内侧（图3-3-16）。随即，我左掌顺势外旋抓握住对手右手腕部，左脚向前迈进半步，同时右臂屈肘自对手右腋下穿过，勾住其右肘关节外侧，左手向前下方推拉，右臂向内勾拉，双手交错用力以别折对手右臂肘关节，可导致其因疼痛而将重心向上提起（图3-3-17）。

图 3-3-15

图 3-3-16

图 3-3-17

【要领解析】拿控对手右肘时，要求双手协同动作，交错用力，目的是要造成对手的体姿歪斜，重心移动。此时还可以用右脚勾踢对手小腿胫骨处，将其撂倒。

六、跨腿别肘

【动作说明】双方交手，对手主动进攻，突然用左直拳击打我上盘，来势凶猛（图3-3-18）。我迅速用左手刁抓住来拳之腕部，并用力回拉，同时以右手刀刀脊为力点由外向内击打对手头部（图3-3-19）。对手低头俯身躲闪，我顺势右脚向上抬起，经对手左臂上方向前跨一大步，将其臂肘置于我右大腿下方，左手向上提拉，右腿向下跨压，交错施加力量以折断其肘关节，同时随跨步，右手变换运动路线，以掌刃为力点自上而下劈击对手后脑或脖颈动脉（图3-3-20）。

图 3-3-18

图 3-3-19

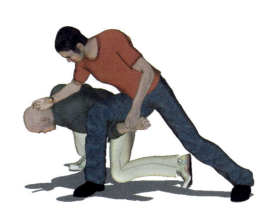

图 3-3-20

【要领解析】抓腕要牢固，切勿令其松脱，跨步抬腿要适当，掌握好高度，上下肢交错用力。右手刀要变化灵活，随机应变，劈掌力道饱满，势如破竹。

七、捆臂锁肘

【动作说明】双方交手，对手突然用左直拳击打我面门，我迅速用左手向外格挡其手腕，并刁抓其腕部（图3-3-21）。对手由于左手被拿控而急于解脱，便向后撤步，同时发右拳袭击我腹部，我快速跟进一步，左手抓紧不放，同时用右手自上而下抓

图3-3-21

握住来拳腕部（图3-3-22）。随即，双手同时抓紧对手双腕，一并用力沿逆时针方向画立圆绞拧其双臂，令其双肘如麻花一样捆拧在一起（图3-3-23）。

图3-3-22

图3-3-23

【要领解析】此势为捆拧之法，动作的关键在于必须双手协同动作，一起发力。抓握对手手腕要牢固，左右皆不可松懈，对手逃脱任何一只手，此招都将半途而废。捆拧时，双手的运动轨迹应该是立圆。整个动作要求快速连贯，令对手无半点喘息之机。

第四节　针对肩关节的擒锁技术

肩关节是人体上肢最大的关节，由肱骨头和肩胛骨的关节盂构成，属于球窝关节。肩关节面的大小差别明显，关节窝平浅，骨与骨之间的吻合也差，关节囊松弛，且韧带少而弱。所以肩关节是人体最灵活，但稳定性较差，最容易受伤的一个关节。

肩关节同时也是人体活动范围最大的关节，能做内收、外展、前屈、后伸及旋转等运动，肩关节的运动一般都是带动臂、肘、手同时运动。正因为它活动范围大，所以也最容易受伤，如遭暴力左右拧转或向后扳动超过正常生理极限时，就会造成脱臼或韧带撕裂。

肩关节处于人体上肢运动链的根部，整个上肢的运动是由肩关节带动臂、肘、腕、手而形成的，彼此相互支持和制约。因此在针对肩关节进行擒锁时，往往是利用上肢各相邻关节的互为锁定效应来实施，单纯的擒锁技法较少，往往是在对肘部进行擒锁时，同时控制肩关节，进而达到牵制全身的目的。

一、揽臂扛肩

【动作说明】实战中，敌我双方对峙（图3-4-1）。对手主动进攻，以右拳击打我头部，我迅速闪身，用左手向外格挡并顺势习抓住对手右手腕部，同时右脚上步，右臂屈肘随势由对手右臂下穿过，以前臂为力点挂打其右肘关节外侧（图3-4-2）。随即，我左脚向左后方撤步，右脚跟外展，身体左后转，重心下沉，右肩头顺势钻至对手右腋下，右臂屈肘揽住对手右上臂，双手同时向下拉扯，以右肩头向上扛别对手右上臂根部，导致其右肩关节损伤（图3-4-3）。

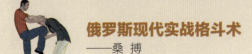

图 3-4-1

图 3-4-2

图 3-4-3

【**要领解析**】退步、转身时身体一定要旋动，周身上下拧成一股劲，上下肢配合协调，发力要求顺畅、通透，一气呵成。右肩扛顶的位置要准确，是对手的腋窝部位，而非上臂部位。

二、抓腕锁肩

【动作说明】实战中，敌我双方对峙（图 3-4-4）。我主动用右拳击打对手头部，对手用左拳自内向外格挡，同时用右摆拳予以还击（图 3-4-5）。我左脚向前上半步，将身体靠近对手，左手自其腋下插入到其右肩后侧屈肘上抬，右手顺势抓住自己左手腕部，以双臂环锁住对手右侧肩关节（图 3-4-6）。继而，我左脚向右后方撤步，身体迅速左后转，右手向身体右后方侧拉自己左腕部，左臂肘关节向上抬对手右上臂，前臂下锁压其肩部，双手协同动作，可瞬间将对手摔倒（图 3-4-7）。

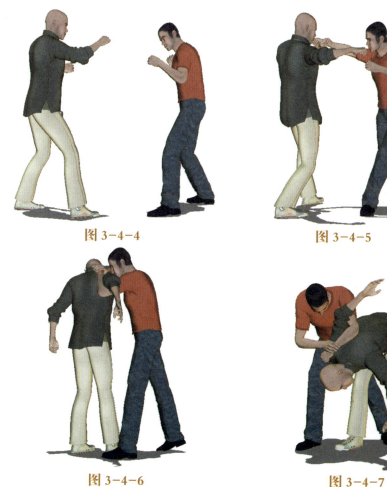

图 3-4-4

图 3-4-5

图 3-4-6

图 3-4-7

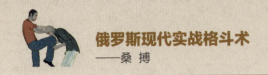
【要领解析】插腋、抓腕速度要快，动作准确，抓、拉、提、压一系列动作要求连贯协调。锁控其肩部时，身体重心要前移，配合发力。

三、背后穿臂双锁肩

【动作说明】实战擒敌时，我从对手背后出击，摸哨或者偷袭（图3-4-8）。我突然用双臂分别插入对手左右腋下，并将双手置于其头部后方，十指交叉扣紧，牢牢控制（图3-4-9）。随即，我双手用力向下压迫对手头颈部，力达双掌，以令其脖颈受挫，同时两上臂用力上抬，以达到锁别其双侧肩胛骨之目的（图3-4-10）。由于我对其头颈部及双肩的控制，其身体重心势必动摇，此时我右脚迅速向后撤一大步，身体重心前下移，双手用力下按，以周身之力将其压倒在地（图3-4-11）。

图 3-4-8

图 3-4-9

图 3-4-10

图 3-4-11

【要领解析】穿臂、下压时两肘一定向上抬起，令对手双肩受到控制，以致上肢无法运动。整个动作在完成过程中，要求胸腹部始终紧贴对方后背，同时后腿必须挺直、踏实，以增加双手下压的力量。撤步速度要快，身体一定要前俯，用整个身体的重量压服对手。

四、正面穿臂双锁肩

【动作说明】实战中，敌我双方对峙（图3-4-12）。对手突然左脚上步蹿进，俯身伸出双手向我扑来，欲抓抱我双腿将我掀倒（图3-4-13）。此时我左脚迅速向前迈进半步，同时双手自下而上、由对手双臂内侧向外穿过其两腋窝至其脑后屈肘，并用左手抓住自己右手腕部，双臂合力向内向后锁抱其肩关节，左胯配合向前上方迎顶对手头颈部，令其重创（图3-4-14）。

图 3-4-12

图 3-4-13

图 3-4-14

【要领解析】上步、穿臂环抱速度要快，动作准确到位，双臂抱肩与胯部前顶要配合协调，要将其头颈部牢牢控制在自己左胯侧。周身发力顺畅，动作敏捷，一气呵成，切勿拖泥带水，否则会贻误战机。

五、臀坐锁肩

【动作说明】双方交手，对手用左直拳击打我胸部，我迅速闪身避让，同时用左手向外刁拿其左手腕部（图3-4-15）。随即，我身体左转，右脚抬起随转体横踢对手头部（图3-4-16）。此时对手必定俯身低头躲闪我右脚，我可以继续左转身，右脚顺势绕过对手头顶，落地、踏实，同时重心下沉，以臀部向下骑坐对手左臂之上，右手一并辅助左手抓住对手左手腕部，用力向上提拉（图3-4-17）。继而，我身体重心继续向后下方移动，上体后仰，向后猛坐，令对手俯身扑跌在地，双手用力向后上方提拉，臀部下坐其肩关节，令其肩关节折断或者脱臼（图3-4-18）。

【要领解析】抓腕、扫踢、骑坐动作要求连贯协调，双手上拉时，臀部要尽力向下沉坐，重心后移。上下肢动作要配合自然，注意掌握重心的移动，身体向后坐时，双腿要用力蹬地，以助发力。

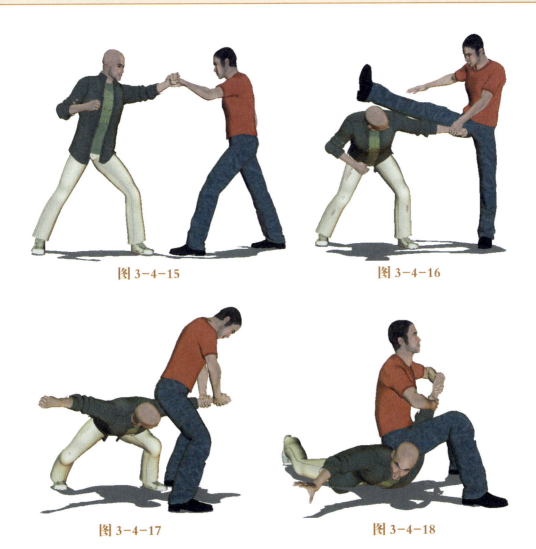

图 3-4-15

图 3-4-16

图 3-4-17

图 3-4-18

六、十字锁肩

【动作说明】实战中，对手主动发起进攻，左脚在前右脚在后，突然用右掌自上而下劈击我头部，我迅速抬起左臂，以左前臂外侧磕挡其右手腕部，化解其锋芒（图 3-4-19）。随即，左手翻腕快速抓住对手右手腕部，右手抓住其右臂，同时右脚向前上步，身体猛然左转，身体前俯，双手同时向下拉扯，将对手右臂扛在我右肩头上（图3-4-20）。随即，身体猛然向左下方弯腰拧转，同时双腿蹬直，臀部用力向后撬，双手同时向左下方拉扯对手右臂，全身协同动作将对手瞬间过背扛摔在地（图3-4-21）。对手倒地后，我双手依然牢牢抓住对手右臂不放（图3-4-22）。随之，我顺势向后倒地，并用双腿横压对手上身，左腿锁控其脖颈，右腿锁控其胸部，双手配合用力向后搬拉其右臂，以腹部为支点别折其右肩关节，予以进一步的控制与创伤（图3-4-23）。

图 3-4-19

图 3-4-20

图 3-4-21

图 3-4-22

图 3-4-23

【要领解析】双手抓握要牢固结实，转身扛臂时双手要翻拧旋转，合力下拉，以令对手右臂肘关节外侧向下。过背摔时身体尽量前俯，蹬地拱背，重心前下移，要以臀部为支点将对手撬起，周身合力完成动作。整个动作要求连贯顺畅，身手合一，急起直落，势如破竹。主动倒地时要注意自我保护，防止意外损伤，倒地后双腿快速锁控对手上体，防止其就地滚动。

第五节　针对踝关节的擒锁与控制

踝关节是人体下肢连接小腿和足的中间环节，是下肢运动链的最末端，主要由胫骨下关节面、内踝关节面、腓骨的外踝关节面与距骨上方的滑车关节面连接构成。关节面上皆覆盖一层透明软骨，关节囊前后较薄且松弛，借助许多韧带加固。

踝关节属于屈戌关节，只存在一个运动轴，针对足而言，只能支持其做屈伸运动，而且活动范围极为有限，外力作用下可造成脱臼、韧带撕裂。

由于踝关节是人体下肢运动链的最末端，同时也是身体着地站立的主要支撑点，因此对其进行有效的擒锁和控制，可导致对手丧失行动能力，身体重心平衡失控或跌摔在地，而无法进行攻击或防守，被迫处于被动挨打地位，直至彻底屈服。

实战中，针对踝关节的擒锁控制技术，主要用来对付和防范对手凌厉的腿法攻击，当然也可以在地面缠斗时发挥威力。

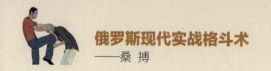

一、接脚外拧踝

【动作说明】实战中，敌我
双方对峙（图3-5-1）。对手主
动进攻，突然抬起右脚向我腹部
蹬踹过来，我迅速缩身退步避让，
并用右手自下而上搂接住其右脚
脚跟，同时以左手自上而下抓住
其右脚脚尖（图3-5-2）。随即，
我身体突然左转，重心下沉，两
手同时用力，沿逆时针方向拧转
其右脚，令其重心不稳、失去平
衡跌倒在地（图3-5-3）。

图 3-5-1

图 3-5-2

图 3-5-3

【要领解析】两手抓住对手的脚部很关键，要做到及时准确，外拧时身体要略左转，左手下按，右手上提，双手相对反方向动作。由于踝关节和膝关节都没有内外旋转的运动功能，所以针对踝关节的拧转，势必将作用力传导至髋关节，然而髋关节的内外旋转范围很小，最终导致对手重心的摆动，瞬间的发力拧踝，可令其侧向跌到。

二、接脚内拧踝

【动作说明】实战中，敌我双方对峙（图3-5-4）。对手主动进攻，突然抬起右脚向我腹部蹬踹过来，我迅速缩身退步避让，并用左手自下而上搂接住其右脚脚跟，同时以右手自上而下抓住其右脚脚尖（图3-5-5）。随即，我身体突然右转，重心下沉，两手同时用力，沿顺时针方向拧转其右脚，令其重心不稳、失去平衡跌倒在地（图3-5-6）。

图 3-5-4

图 3-5-5

图 3-5-6

【要领解析】拧动时身体要略右转，双手旋转发力，划立圆拧其踝关节。整个动作要干净利落，切勿动作迟缓、技术分解。动作要领基本与接脚外拧踝相同。

三、托接下折踝

【动作说明】实战中，敌我双方对峙（图3-5-7）。对手突然右拧身抬起左脚，以左边腿袭击我侧肋，我右脚迅速向后撤步，身体向右侧转动躲闪，同时左臂屈肘抬起，自下而上勾接住对手左小腿踝关节部位，将其固定在胸前（图3-5-8）。随即，用右手自上而下扣抓住对手左脚脚背，用力向下按压，左臂配合向上提拉，双手交错用力，以别折其左脚脚踝关节（图3-5-9）。

图 3-5-7

图 3-5-8

图 3-5-9

【要领解析】左臂的托接一定要及时、准确，注意托接的正确部位应该是踝关节下方，而非小腿肚；右手要抓住对手脚背的前端，而非靠近踝骨之近端，双手应用杠杆原理交错发力，配合协调，可将对手脚踝瞬间折断，同时可以导致其身体重心失衡。

四、双臂错踝

【动作说明】实战中，敌我双方对峙（图 3-5-10）。对手突然发高腿，抬起左脚向我头部扫踢，我迅速屈右臂，用前臂外侧向外磕挡对手左脚脚背，左臂屈肘自下而上挑截其左脚脚后跟，右臂外撑，左臂内收，双前臂交错用力别折其踝关节（图 3-5-11）。

图 3-5-10　　　　　　　　　　　　图 3-5-11

【要领解析】双手交错用力，注意别折的部位要准确。别折的瞬间可以继续向左转体，破坏对手身体的平衡稳定，使其摔倒。

五、砸腿锁踝

【动作说明】实战中，敌我双方对峙（图3-5-12）。对手突然抬起左脚，以后撩腿袭击我胸腹部，来势凶猛，我迅速闪身躲让，并用右手向下拍按对手左腿膝窝处，以化其锋芒（图3-5-13）。同时快速进身，用左手向上托叠对手左脚脚背处（图3-5-14）。左右手配合，交错用力撅拿其左腿，令其重心丧失平衡向前扑摔（图3-5-15）。

图 3-5-12

图 3-5-13

图 3-5-14

图 3-5-15

【要领解析】双手交错用力，注意别折的部位要准确。右臂屈肘锁抱住对手踝关节后侧，左手用力推按其脚背，以达到对其踝关节别折的目的。

第六节　针对膝关节的擒锁与控制

膝关节是人体下肢连接大腿和小腿的中间环节，是下肢运动链的中枢环节，是人体中较大且最为复杂的关节，主要由三部分组成：股骨的内、外侧髁与半月板上面；胫骨的内、外侧髁与半月板下面；股骨的髌面与髌骨的关节面。各关节面上皆覆盖一层关节软骨，关节囊宽阔且松弛，但非常坚韧。

膝关节属于椭圆滑车关节，可沿两个运动轴进行活动，可以做屈伸动作和小幅度的旋内与旋外运动。

膝关节在伸直以后，由于受到膝交叉韧带和副韧带的限制，不能继续背伸，如果针对膝盖上方向下施加压力，会造成膝关节折断；如果针对膝关节后部腘窝处向斜下方施加压力，可导致身体向前跪倒；针对膝关节实施内、外旋转，可导致膝关节半月板、外侧副韧带及髋关节损伤。

由于实战中身体的快速移动和大部分腿法的运用，都是依赖膝关节的屈伸完成的，所以针对膝关节的有效擒锁，可以给对手下肢造成严重创伤，导致其行动不便，衰减其进攻能力。

一、抄腿压膝

【动作说明】实战中，敌我双方对峙（图3-6-1）。对手突然抬起右脚，蹬踢我裆腹部，我快速闪身，躲开来腿，同时左臂屈肘，以前臂尺骨为力点向下磕砸对手右小腿胫骨部位（图3-6-2）。随即，身体猛然左转，右脚快速向

前上步，左臂外旋向下、向左上方抄抱对手右小腿，同时右臂屈肘，随上步转身以前臂尺骨为力点向前下方砸压对手右腿膝关节，左臂夹紧并上提，右臂用力下压，双臂交错用力，针对其膝关节实施别锁（图3-6-3）。

图 3-6-1

图 3-6-2

图 3-6-3

【要领解析】闪身要快速，左臂要屈肘夹住对手小腿踝关节部位，右臂下压时上体要向右前俯身，重心下沉，施力突然，出其不意，动作连贯，发力顺畅。

二、扛腿锁膝

【动作说明】实战中，敌我双方对峙（图3-6-4）。对手突然抬起右腿，用高位腿法蹬踢我头部，我迅速反应，用右掌向左侧推挡其右脚脚腕内侧，化其锋芒，同时左脚上步，用左肩头向前迎接对手右脚，令其脚腕部恰好落于我左肩肩头之上（图3-6-5）。随即，我双手自上而下共同环抱住对手右腿膝关节处，重心前移，双臂合力下压，左肩同时向前上方扛起，以折断其膝关节或令其仰身摔倒（图3-6-6）。

图 3-6-4

图 3-6-5

图 3-6-6

【要领解析】扛接要准确，否则会伤及自身，双手搂抱对手右腿要牢固，向前扛其腿时，要蹬地、挺身以助发力。实战中高位腿法往往劲力猛烈，不易直接拦截，故而需沉着应敌，先用右掌推挡其脚腕，化解其锋芒，然后再施术擒拿，避实击虚。

三、下跪锁膝

【**动作说明**】实战中，敌我双方对峙（图3-6-7）。对手左脚在前右脚在后，突然用左直拳击打我胸部，我迅速闪身，避开拳峰，并用左手向外格挡其腕部（图3-6-8），随即，反腕抓拿住对手之左手腕部。继而身体猛然左转，右脚快速向前上步，落脚于对手前脚后侧，用脚尖扣住其左脚脚后跟，继而右膝屈膝向下跪压其左小腿膝窝部位，令其受挫前俯下跪，同时左手向左后方拉扯，右臂随转体向右前方裹臂磕击其左臂肘关节，配合跪锁动作同步打击其上肢（图3-6-9）。

图 3-6-7

图 3-6-8

图 3-6-9

【**要领解析**】右脚上步要迅速，脚尖一定要扣住对手脚后跟，跪膝动作要准确、有力，身体重心一定要配合下沉。

四、夹踝按膝

【动作说明】实战中，敌我双方对峙（图3-6-10）。我突然左脚向前迈进半步，重心前移，上体前送，左手随上步进身自下而上搂抓住对手右腿膝窝处，将其右腿抬起，夹于我两腿之间，同时右手以掌根为力点用力向前推撑对手右肩头，令其重心不稳而向后仰摔（图3-6-11）。随即，在对手仰摔、臀部着地的瞬间，我左脚向右后方移动，与右脚错开站立，双腿夹紧对手右腿脚踝部位，同时上体俯身，双手向下用力按压其右腿膝盖上方，以挫伤其右腿膝关节（图3-6-12）。

图 3-6-10

图 3-6-11

图 3-6-12

【**要领解析**】搂抓对手右腿是整个动作的关键所在，要做到自然顺畅，双腿要夹紧，防止对手顺势用右脚弹踢我裆部。双手下压其膝盖时，要将整个身体的重量作用于力点之上，对手为了使膝关节不受损伤，势必要向后仰躺，从而破坏自身的平衡，使自己处于劣势。

五、扫腿锁膝

【**动作说明**】实战中，敌我双方对峙（图 3-6-13）。对手趁我不备突然左转身，抬起右脚袭击我左肋侧，我迅速右转身，用左手接抱住对手右小腿，同时抬起左脚，沿弧形路线由外向内扫踢对手支撑腿下半部脆弱处，令其重心失去平衡而跌倒在地（图 3-6-14）。随即，我左脚落地、踏实，重心前移，右手快速按压在对手右小腿膝盖上，左手外旋由其小腿下方抓握住我右手腕部，双手协同动作共同锁别住对手膝关节，同时可以用左脚踩踏对手另一条腿，致使其无法移动，彻底屈服（图 3-6-15）。

图 3-6-13

图 3-6-14

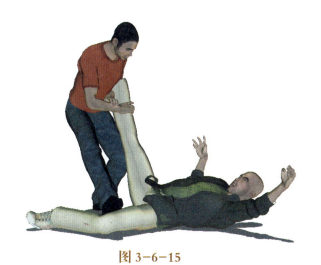

图 3-6-15

【要领解析】接抱动作要快速准确，与扫踢配合协调，锁别对手膝关节时，上体要前俯，右手下按，左前臂上挺，双手交错用力实施别拿。上下肢动作要相互呼应，顺畅自然，力道饱满。

六、骑跨锁膝

【动作说明】实战中，敌我双方对峙，彼此对峙（图 3-6-16）。对手突然向左旋转身体，其右脚抬起随势横扫我头部，我速闪身躲避，并屈肘抬起双臂，以两前臂向外格挡对手右小腿，令其进攻受挫（图 3-6-17）。随即，不待对手将右腿撤回，我左臂快速向外搂抱住其右小腿，将其牢牢夹在腋下，同时右脚向前上方抬起，猛踢对手裆部要害，右拳抬起，蓄势待发（图 3-6-18）。继而，身体重心前移，右脚向前落步，落脚于对手支撑腿后侧，牵绊住其下肢，同时右拳向前下方劈砸其颈部，左手配合一并向左后方搂带，令其重心失衡而仰面摔倒（图 3-6-19）。对手倒地后，我左臂依旧牢牢控制住其右小腿，腋窝夹住其脚踝部位，同时用左手向下用力按压其膝关节，以锁别其右腿（图 3-6-20）。上动不停，身体左转，左脚上步，跨过对手身体，双腿屈膝、下蹲、后坐，上体后仰，双手配合一并搬折对手右腿（图 3-6-21）。

图 3-6-16

图 3-6-17

图 3-6-18

图 3-6-19

图 3-6-20

图 3-6-21

【**要领解析**】双臂格挡要迅速，左臂搂抱要牢固，右脚弹踢要准确。摔倒对手的关键是右脚必须落步于其支撑腿后方，以破坏其重心的平衡。转身骑跨动作要连贯、顺畅。对其腿部的进一步锁控要充分利用杠杆原理发力。

七、捆腿锁膝

【**动作说明**】实战中，我由对手背后悄悄摸进（图3-6-22）。看准时机，我突然从后面伸出双手自下而上搂抓住对手双腿，将其掀翻在地（图3-6-23）。对手倒地瞬间，我迅速左脚上步跟进，重心前移，俯身低头，用左手抓住其右脚，右手抓住其左脚，令其交叉折叠，两腿捆缠在一起（图3-6-24）。继而，左腿屈膝下跪，将其双腿挤压在一起，可致使其两膝关节相互挫伤（图3-6-25）。

图 3-6-22

图 3-6-23

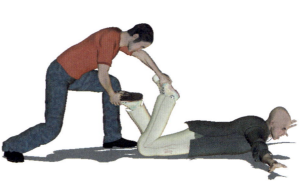

图 3-6-24

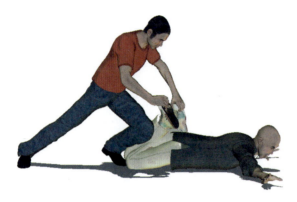

【要领解析】双手交错用力，注意别拿的部位要准确，应该是踝关节，而不是小腿。左腿屈膝下跪时，身体重心随之下沉，以助发力。

图 3-6-25

第七节　针对髋关节的擒锁技术

髋关节是人体下肢运动链的最上端，髋关节由髋骨的髋臼和股骨的股骨头构成，在髋臼的周缘有盂唇附着，使关节窝的深度加深，从而加固关节，关节囊厚且坚韧。

髋关节属于典型的球窝关节，可沿三个运动轴做屈、伸、内收、外展、旋转和环转运动。

由于髋关节关节囊的后下方与内下方较为薄弱，且无坚韧的韧带和肌肉加强，因此在大腿外展、外旋时，或者内收、内旋时，针对其施加压力，可导致髋关节脱臼，即股骨头脱出，俗称"掉环儿"。

但是因为髋关节独特的生理特征及其所处的位置并非肢体末端，外部有强大的肌肉群保护，所以直接针对髋关节的擒锁技法较少，实战中一般都是利用对踝关节、小腿和膝关节的旋、拧、搬、折等控制来达到对其重创的目的。髋关节遭到重创后，可导致身体失去平衡而摔倒，严重者将无法重新起身站立和行走移动。

一、搂腿砸髋

【动作说明】实战中，敌我双方对峙（图3-7-1）。对手右脚在前，突然以右直拳击打我头部，我迅速俯身躲避，右臂屈肘向下搂抱住对手右小腿，用力向上提起，同时左臂屈肘用力向前下方砸击对手右侧大腿根部（图3-7-2）。继而，我右臂继续上提，左臂向前下方下压，通过控制对手的髋关节，使其因身体重心失衡而仰摔在地（图3-7-3）。

图 3-7-1

图 3-7-2

图 3-7-3

【要领解析】俯身躲闪要敏捷，两臂交错用力，左肘下砸有力，对其髋关节造成重创。

二、抱腿顶髋

【动作说明】实战中，对手主动进攻，左脚向前上步，并以右直拳击打我头部，来势凶猛，我迅速闪身，重心下沉，避开对手拳峰（图3-7-4）。随即，我左手前伸快速插入对手裆部，顺手抱住其左臀部，右手由对手左腿外侧牢牢抱住其大腿，两手协同用力向上抱提，同时用左肩向前顶撞对手左胯部及大腿根部，令其重心不稳向后仰摔（图3-7-5）。

图 3-7-4   图 3-7-5

【要领解析】上步抓抱腿速度要快，避其锋芒，击其空虚，身体前俯时要有前蹿的意识，同时注意防范对手夹抱我头部。肩部前顶其髋关节动作与双手动作要配合协调，整个动作要连贯顺畅，出手果断。

三、搬腿坐髋

【动作说明】双方交手，对手由我背后摸进，对我进行偷袭，突然伸出双手由我腋下穿过拦腰将我抱住，我迅速反应，猛然向后抬头，以后脑撞击对手下颌，令其疼痛而搂抱松懈（图3-7-6）。随即，我俯身弯腰，两腿屈膝，重心下沉，同时伸出双手向下、向后抓抱住对手左脚踝骨部位，继而挺胸抬头，双手协同动作一并向上拉抱，令其仰面摔倒（图 3-7-7）。在对手仰摔倒地的瞬间，双腿屈膝下蹲，重心下沉，以臀部为力点向后猛坐对手大腿根部，同时双手配合用力向后拉抱其左腿，以达到锁控其左侧髋关节的目的（图 3-7-8）。

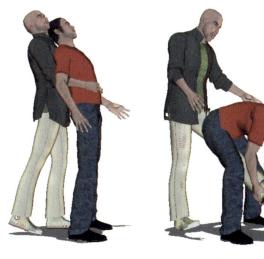

图 3-7-6　　　　　　图 3-7-7

图 3-7-8

【要领解析】先以仰头技法撞击对手下颌，既是反击又是迷惑，可迫使对手放松对我的搂抱。抓抱其脚踝骨的动作要及时准确，动作敏捷，反应迅速，向上拉抱时，臀部向后坐于对手大腿根部，以形成上下交错之势态，身手合一，发力顺畅。

四、夹腿锁髋

【动作说明】实战中，我趁对手不备，身体突然前俯，双腿屈膝下蹲，双手随势向下搂抱住对手双腿膝窝部位，同时重心前移，用头部向前猛顶其腹部，令其重心失去平衡，上体后仰（图 3-7-9）。随即，我双手用力向回提拉，将

对手双腿悬空提起，配合头部前顶，上下交错用力，瞬间将其仰面摔倒在地（图3-7-10）。上动不停，我身体迅速左转，左手臂用力翻拧对手右小腿，右臂同时翻折其左小腿，使其在仰摔着地的瞬间将身体翻转过来，变成脸面朝下、趴俯在地的姿势，我身体随之继续左后转，右脚抬起由其身体上方跨过，双腿屈膝下蹲，重心下沉，以臀部为力点向后猛坐对手后腰，双臂配合用力夹住其双腿，上体后仰，搬折其双腿的同时，形成针对对手髋关节的锁控（图3-7-11）。

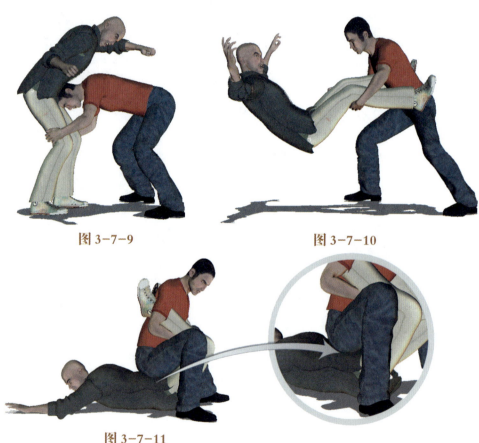

图 3-7-9

图 3-7-10

图 3-7-11

【要领解析】俯身搂腿动作要快，且注意掌握时机，同时注意头部一定要配合双手动作向前顶撞。对手仰面摔倒时，我双臂要使劲用腋下夹住对手的小腿部位。臀部后坐要找准位置，是对手的腰部，而不是其臀部，目的是将其腰椎坐折，彻底丧失行动能力。

第四章 桑搏跌摔技术

由于历史原因和地域因素，桑搏的起源深受日本柔道和蒙古摔跤的影响，在俄罗斯，传统的桑搏运动仍然是一项以摔跤技术为主的徒手对抗性运动，被称之为桑搏式摔跤。现在，作为国际业余摔跤联合会项目成员之一的桑搏式摔跤，在比赛时选手的着装仍然是红色或蓝色的跤衣与短裤，系红色或蓝色腰带，类似于蒙古摔跤服，显然它的设计出发点就是用来彼此抓拿的。这身行头是桑搏式摔跤的招牌形象，同时也明确地向大家揭示了，作为俄罗斯国技的桑搏运动，其优势依旧是摔技。

　　摔跤运动是一项历史悠久、世界流行的体育运动，由于世界各国的地区差异和民族特点的不同，摔跤运动的种类和规则也不尽相同。比如古典式摔跤，只准用手抱住对方腰以上部位，不准用腿使绊、不准抓握下肢，而中国式摔跤则可以手脚使绊。桑搏式摔跤的特点是，可以手脚使绊和运用反关节技术，可以站立，也可以跪撑，类似于日本的柔道技术，所以也有人称之为"俄罗斯柔道"。但它又与柔道有着明显的区别，比如桑搏有腿部锁技，柔道是绝对不允许的；再如柔道允许扼颈动作，桑搏却没有这种技术。桑搏的关节技同柔道非常相似，但不可以将手臂折向后背，也不可以对头部进行按压或扭动。作为比赛项目的桑搏式摔跤，其规则更像缠斗术的规则，比赛时，不可以用手击打，更不可以挖眼或手掐对方的喉咙。比赛过程中如果能够迫使对方背部着地，并将其控制在地，就可以有效得分，此外你也可以在地面用手臂和腿部锁技来控制对方。

　　然而，在冷战时期，当桑搏由一种民间流行的强身健体运动，逐步转变为特情军事部门使用的杀人武器时，它的一切规则都没有了，如果说还有保留的，就是制伏对方，而且是不择手段的制伏。

　　打击是制伏的手段，锁控是制伏的手段，摔跤更是他们最擅长的制伏手段。在学习传统的桑搏摔跤技术时，那些被赋予特殊使命的格斗专家，有针对性地学习和剖析了世界其他种类的摔跤技术，从中汲取了许多宝贵的养分，然后结合俄罗斯民族特定的身体条件，重新制定出了一套完全有别于传统桑搏摔跤的摔技——特情桑搏摔技。

　　这种摔跤技法的主要特点就是没有规则、不择手段。而且，我们不得不承认，它是建立在科学基础之上的技法，是从血淋淋的实践过程中逐步成长健全的，其实用性与杀伤力是毋庸置疑的。

　　实用桑搏的摔技，技法很多，粗略计算约有百种，主要分为进攻型和防守型摔法两大类，按技术特点大致可以细分为过身摔、抱折摔、抱腿摔、接腿摔、别绊摔等，在实战应用中，可以根据对手体质特点和技术特点的差异，有针对性地选择使用不同的技法。如对手体态比自己弱小，可以用过身摔对付；如对手擅长腿法攻击，则可以用抱腿摔技回应，诸如此类。

本书介绍的实用桑搏常用摔法，仅是管中窥豹，实际运用时，大家一定要灵活运用。

第一节　别绊类摔技

一、揽臂切腿摔

【动作说明】实战中，敌我双方对峙（图4-1-1）。对手突然用右拳击打我腹部，我迅速用左手格挡并抓住其右手腕部（图4-1-2）。随即，上体前俯，左手用力向后拉扯对手右手腕部，右臂屈肘随势由对手右臂下方穿过，右手揽抱住其右上臂，右肩肩头顶住对手右肩肩头（图4-1-3）。

图4-1-1

图4-1-2

图4-1-3

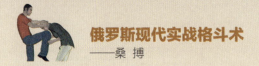
右脚同时向前上步并抬起，双臂揽紧对手右臂，将对手的上体紧紧拉贴在自己身上（图4-1-4）。随即，右脚向右后方摆动，用右大腿向后猛切对手右大腿后侧，同时身体左转，上体前俯，瞬间将对手摔倒在地（4-1-5）。

图 4-1-4

图 4-1-5

【要领解析】注意一定要将对手上体拉靠在自己身上，出腿要快，上下肢动作要配合协调。

二、搂腿手别摔

【动作说明】实战中，敌我双方对峙（图4-1-6）。对手突然抬起右脚，以右边腿袭击我侧肋，我迅速用左手拦截并搂抱住其右小腿，同时用右拳击打其右大腿内侧（图4-1-7）。随即，右脚向前上步，右手内旋、直臂插入对手裆部，用力向右后方掰别其左侧支撑腿大腿内侧，同时上体向左拧转，以右肩顶撞对手右大腿部位，令其重心失去平衡而摔倒（图4-1-8、图4-1-9）。

【要领解析】左臂夹抱对手右腿要牢固、有力。右手别的动作与肩部下压的动作要同步进行，顶与别的瞬间，身体一定要向左转动。

图 4-1-6　　　　　　　　　　　图 4-1-7

图 4-1-8　　　　　　　　　　　图 4-1-9

三、格挡勾踢摔

　　【动作说明】实战中，敌我双方对峙（图 4-1-10）。对手突然用左拳击打我头部，我迅速抬起右前臂向外格挡其左臂内侧，以化解其攻势（图 4-1-11）。随即，我左脚向左略上半步，身体重心略左移，身体左转，右臂继续向右后方格挡，同时右脚抬起，脚尖勾紧，随势由外向内猛力勾踢对手左脚踝关节后侧（图 4-1-12）。对手因身体重心失去平衡而向后仰摔在地（图 4-1-13）。

图 4-1-10

图 4-1-11

图 4-1-12

图 4-1-13

【要领解析】右臂向外格挡动作与右脚的勾踢动作要配合协调、一致，上下肢交错用力，整个动作要求连贯、顺畅，以转身带动起腿勾踢。

四、别腿靠摔

【动作说明】实战中，敌我双方对峙（图4-1-14）。对手突然右脚上步，用右摆拳袭击我头部，我迅速用左掌向外格挡其腕部内侧（图4-1-15）。随即，我身体向左拧转，右脚快速向前上步，落于对手双腿后方，重心左移，右腿蹬直，左腿屈膝成左弓步，右臂屈肘横于胸前，蓄势待发（图4-1-16）。继而，在对手尚未反应之际，身体猛然右转，左腿蹬直，右腿屈膝成右弓步，以右腿大腿部位挤别对手双腿与臀部，右臂随转体向右直臂横扫对手胸部，身体配合向右挤靠，上下肢协同动作，瞬间将对手摔倒（图4-1-17）。

图 4-1-14

图 4-1-15

图 4-1-16

图 4-1-17

【要领解析】身体挤靠对手时，一定要与右腿的别绊配合协调，右臂和右腿形成交错用力的"剪子面"。动作过程中，注意自身重心的转换要平稳。

五、揽臂勾踢摔

【动作说明】实战中，敌我双方对峙（图4-1-18）。对手突然右脚上步，用右摆拳袭击我头部，我迅速抬起左掌，以掌刃为力点外劈砍其腕部内侧（图4-1-19）。继而我左掌顺势外旋抓握住对手右手腕部，左脚向前迈进半步，同时右臂屈肘自对手右腋下穿过，勾住其右上臂外侧，左手向前下方拉扯，右臂向内勾拉，双手交错用力以撅拿对手右臂肘关节，可导致其因疼痛而将重心向上提起（图4-1-20）。此时我需抓住战机，迅速抬起右腿，右脚脚尖向上勾起，直腿向前勾踢对手左小腿，同时身体猛然向右拧转，双手配合下肢动作一并向右后方抖出，瞬间将对手摔倒（图4-1-21）。

【要领解析】拿控对手右臂时，要求双手协同动作，交错用力，目的是要造成对手的体姿歪斜，重心移动。勾踢的部位应该是对手小腿胫骨处，力点要准确。

图4-1-18

图4-1-19

图 4-1-20

图 4-1-21

六、顶裆勾腿摔

【动作说明】实战中，对手主动进攻，以右拳袭击我上盘，我迅速伸出左手向外格挡并刁抓其右手腕部（图 4-1-22）。随即，我左脚脚跟内扣，身体向左转动，右脚随转身屈膝抬起，以膝盖为力点向前猛撞对手裆部，同时右臂屈肘，随势以前前臂为力点向前横推对手颈部咽喉处（图 4-1-23）。上动不停，我身体继续左转，上体前倾，左手抓住对手右手腕部向左后方拉扯，右腿在顶

图 4-1-22

图 4-1-23

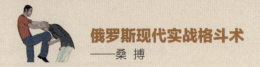

击对手裆部的瞬间迅速向右后方勾起，将其左腿勾离地面，右臂配合用力前推，令对手重心失去平衡，仰面向后栽倒（图4-1-24）。在对手倒地的过程中，依然抓牢对手的手臂，身体随其跌倒而自然扑倒在对手身上，右腿屈膝随势跪压其腹部，右臂借身体栽倒的惯性向下砸压对手咽喉（图4-1-25）。

图 4-1-24

图 4-1-25

【要领解析】上下肢动作配合要协调、自然，右腿勾踢要灵活自如，破坏对手的平衡是取胜的关键。自己身体要伴随对手的身体一并跌倒，但要让对手的身体承受所有因跌倒而产生的外创力，让对手做自己的垫子，自己的肢体切勿直接触及地面。

七、搂腰扫腿摔

【动作说明】实战中，敌我双方互相拉扯搂抱，扭摔在一起（图4-1-26）。趁对手不备，我右脚快速上步，落脚于对手两腿之间，双手同时伸出，圈抱住对手上体（图4-1-27）。随即，双臂勒紧对手上体的同时，用力向上提抱，在其身体重心摇晃之际，抬起左腿，用力由外向内横向扫踢对手右脚，上下肢协同动作，瞬间将对手撂倒在地（图4-1-28）。对手倒地后，要用身体将其牢牢压住（图4-1-29）。

图 4-1-26

图 4-1-27

图 4-1-28

图 4-1-29

【要领解析】双臂必须死死勒紧对手的身躯，上步搂抱时，身体要快速下降，扫腿时双臂要用力向上提抱。整个动作要连贯协调，出其不意。

八、抢抱磕腿摔

【动作说明】实战中，敌我双方对峙（图 4-1-30）。对手用左拳摆击我头部，我迅速低头俯身，躲避来拳，左脚向前快速上步，踏入对手两腿之间，同时伸出双手由外向内抢抱住对手大腿部位（图 4-1-31）。随即，双手用力向上提拉，左侧肩头前顶，同时右脚向前抬起，然后用力向后磕挂对手左小腿（图4-1-32）。周身协同动作，令其身体失去平衡，向后仰摔（图4-1-33）。

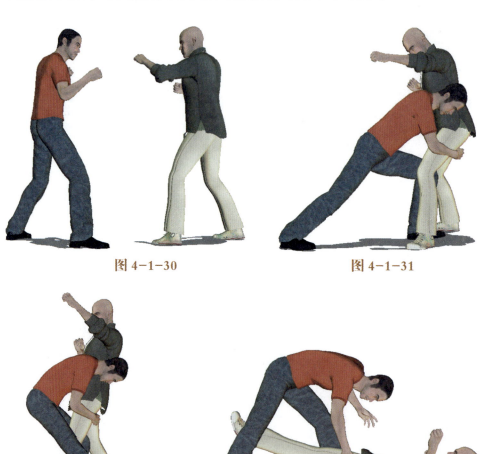

图 4-1-30 　　　　　　　　　　　图 4-1-31

图 4-1-32 　　　　　　　　　　　图 4-1-33

【要领解析】上步要快，抢抱要及时，搂抱要紧。右脚向后磕挂时，上身要向前送，上下交错用力。

第二节　过身类摔技

一、抓臂扛摔

【动作说明】实战中，敌我双方对峙（图4-2-1）。对手突然右脚向前上步，并用右拳击打我头部，我闪身躲让，并迅速用左手刁抓住对手右手腕部（图4-2-2）。同时上右步，落脚于对手两腿之间，身体左转，上体下俯，重心下沉，右肩插入对手右腋下，右手随转体插入对手裆部并抓抱住其右腿腿跟部位（图4-2-3）。左手用力提拉，右臂向上抬起，周身协同动作以后背中部为力点向上扛起对手（图4-2-4）。继而，左肩下沉，右臂向上掀起，将对手摔倒在地（图4-2-5）。

【要领解析】抓腕与插裆动作要同时完成，并要求快速敏捷。俯身下潜用右肩顶住对手腹胯部时，左手要用力向上、向左提拉，右手用力上抱，以使其俯卧于我肩背之上。上扛时双腿要用力蹬踏，同时注意保持自身的重心平衡。整个动作过程中，左手要始终抓住对手右手腕部不放。动作要求连贯协调，一

图 4-2-1

图 4-2-2

图 4-2-3

图 4-2-4

图 4-2-5

气呵成，瞬间完成。这一组合中的跌摔动作是桑搏最著名的"肩车"技法，往往是体态强悍者的"得意技"。

二、揽臂背摔

【动作说明】实战中，对手主动发起进攻，左脚在前右脚在后，突然用右掌自上而下劈击我头部。我迅速抬起左臂，以左前臂外侧磕挡其右手腕部，以化解其锋芒（图4-2-6）。随即，左手翻腕快速抓住对手右手腕部，右手抓住其右上臂，同时右脚向前上步，身体猛然左转，身体前俯，双手同时向下拉扯，将对手右臂扛在我右肩头上，后背紧贴对手前胸（图4-2-7）。随即，身体猛然向左下方弯腰拧转，同时双腿蹬直，臀部用力向后撬，双手同时向左下方拉扯对手右手臂，全身协同动作将对手瞬间从肩上摔过（图4-2-8、图4-2-9）。

【要领解析】双手抓握要牢固结实，转身扛臂时双手要翻拧旋转，合力下拉，以令对手右臂肘关节外侧向下。过摔时身体尽量前俯，蹬地拱背，重心前下移，要以臀部为支点将对手撬起，周身合力完成动作。整个动作要求连贯顺畅，身手合一，急起直落，势如破竹。

图4-2-6

图4-2-7

图4-2-8

图4-2-9

三、圈臂过肩摔

【**动作说明**】实战中，敌我双方对峙（图 4-2-10）。对手主动进攻，以右拳击打我上盘，我迅速闪身，用左手向外格挡并顺势刁抓住对手右手腕部，同时右脚上步，右臂屈肘随势由对手右腋下穿过，以前臂为力点挂打其右肘关节外侧（图 4-2-11）。上动不停，我左脚向左后方撤步，右脚跟外展，身体左后转，重心下沉，双腿屈膝下蹲，臀部向后撅起，紧紧贴住对手腹部，同时右臂屈肘，两手一并搂抓住对手右臂肘关节（图 4-2-12）。随即，身体猛然向左下方弯腰拧转，同时双腿蹬直，臀部上顶，双手同时向左下方拉扯对手右臂，周身协同用力瞬间将对手由体侧摔倒在地（图 4-2-13）。

【**要领解析**】跌摔对手时，身体一定要旋动，周身上下拧成一股劲，上下肢配合协调，发力要求顺畅、通透，一气呵成。

图 4-2-10

图 4-2-11

图 4-2-12

图 4-2-13

四、抱双腿后摔

【动作说明】实战中，敌我双方互相拉扯搂抱，扭摔在一起（图4-2-14）。趁对手不备，我右脚快速上步，落脚于对手两腿之间，双手同时伸出，由对手双腿外侧环抱住其大腿，俯身低头，以右肩顶扛住对手腰腹部（图4-2-15）。随即，左脚向前上步，双腿挺直站起，双手同时用力掀起对手双腿，将其扛于右侧肩头之上（图4-2-16）。继而，双手向后夹住对手双臂，身体用力向后挺摔，令其由我身上向身后仰摔过去（图4-2-17）。我也顺势向后仰摔，以后背砸压对手上身，予以重创（图4-2-18）。

图 4-2-14

图 4-2-15　　　　　　　　　　　图 4-2-16

图 4-2-17　　　　　　　　　　　图 4-2-18

　　【要领解析】搂抱对手双腿时，我上身要与对手贴紧，尽量抱住对手大腿根部。向后挺摔时，双脚要用力蹬地。自己身体向后仰摔时，要注意自我保护，防止受伤，要将肩部砸压在对手上身。

五、蹬腹过身摔

　　【动作说明】实战中，对手突然前冲，伸出双手向我扑过来，欲抓住我双肩进行撕扭，我抢先伸出双手，后发先至，在对手尚未抓到我之际，由对手两臂间穿过，率先抓住对手双肩，十指用力，扣入其肩头骨缝中，令其疼痛难忍（图4-2-19）。随即，我猛然抬起右脚，向前猛蹬对手腹部，令其上体前俯（图4-2-20）。继而，身体重心突然下沉，双腿屈膝，臀部向下坐于地面，主动倒地，右脚用力向上蹬对手的身体，双手配合身体与下肢动作向后拉扯对手上体，令其由我身体上方翻过（图4-2-21）。对手从我身体上方翻过摔倒后，我顺势团身后滚翻，并骑跨于对手身上，两膝盖着地夹紧其上体，进一步可以用双手卡掐其咽喉，或者抡起拳头击打其头部，将其彻底降伏（图4-2-22）。

图 4-2-19

图 4-2-20

图 4-3-21

图 4-2-22

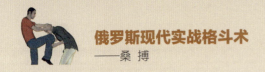

【要领解析】蹬腿要出腿果断、有力，双手抓拿对手上盘要牢固，上下肢配合协调。主动倒地要注意对自身的保护，防止自我损伤。后滚翻动作要敏捷，骑跨要沉稳，防止对手就地滚动。

六、正抱过桥摔

【动作说明】实战中，敌我双方互相拉扯搂抱，扭摔在一起（图4-2-23）。趁对手不备，我右脚快速上步，落脚于对手两腿之间，双腿微屈，双手同时伸出，连同对手双臂一起环抱住其上身，并用力勒紧（图4-2-24）。随即，身体后仰，双臂用力将对手提抱起来（图4-2-25）。继而，身体向后主动仰摔，双腿蹬地发力，用腹部向前上方顶撞对手腹部，

图 4-2-23

将对手由自己身体上方掀翻过去（图4-2-26）。当我后背即将着地的瞬间，身体迅速翻转，将对手牢牢按压在身下（图4-2-27）。

图 4-2-24

图 4-2-25

图 4-2-26

图 4-2-27

【要领解析】搂抱对手一定要紧，让对手的身体紧贴自己的身体。后仰身时，一定要挺胸、挺腹。身体着地瞬间的翻转是关键，动作必须灵敏、迅速，防止自我损伤，注意掌握时机。

第三节　折抱类摔技

一、抱腰折摔

【动作说明】双方不期而遇，正面交锋（图4-3-1），对手突然伸出双手扑抓过来，欲抓住我双肩进行撕扭（图4-3-2）。我迅速降低身体重心，左脚

快速向前上步、插入对手两脚之间，双手由对手两臂内侧插入并环抱其腰部，右手抓住左手腕部，紧紧扼住，头向左转将脸贴在对手胸前（图4-3-3）。继而，双臂用力勒锁对手腰部，身体重心向前移动，头部用力顶撞对手胸口，令其身体重心不稳（图4-3-4）。上体前俯，右腿用力蹬地，瞬间将对手摔倒在地（图4-3-5）。

图 4-3-1

图 4-3-2

图 4-3-3

图 4-3-4

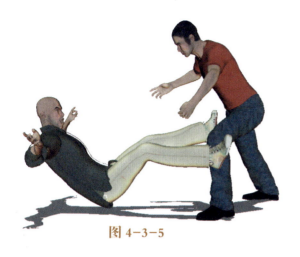

【要领解析】手臂环抱对手腰部时，不要弯腰，身体尽量靠近对手身体，左脚一定要插入对手两腿之间，两手环抱要有力度，重心下沉要快，随即向前移动，注意掌握重心的移动变化。

图 4-3-5

二、前抱腿顶摔

【动作说明】实战中，敌我双方对峙（图 4-3-6）。对手左脚快速向前上步，突然用左直拳击打我上盘，我迅速屈右臂，以右前臂外侧为力点自内向外用力格挡对手左前臂内侧，化解其攻势（图 4-3-7）。随即，我身体重心突然下沉，右脚向前上步，双腿屈膝下蹲，双手随势向下由外侧搂抱住对手双腿膝窝部位，

图 4-3-6   图 4-3-7

同时重心前移，上体下俯，用右肩部向前顶撞对手腹部（图4-3-8）。双手配合用力向上提拉，令其重心失去平衡，将其双腿悬空提起，配合肩部前顶，上下交错用力，瞬间将其仰面摔倒在地（图4-3-9）。

图4-3-8

图4-3-9

【要领解析】格挡要迅速有力，出手果断。俯身搂腿动作要快，注意掌握时机，同时注意肩部一定要配合双手动作向前顶撞。搂抱对手双腿向前顶肩时，左腿用力后蹬，以助发力。

三、后抱腿顶摔

【动作说明】实战中，我在对手背后悄悄跟踪，伺机而动（图4-3-10）。时机成熟时，突然俯身下蹲，双手自后向前快速搂抱住对手两腿膝盖处，并用力提拉，同时用头顶撞其后腰或者臀部，使其重心不稳，身体失去平衡，向前扑摔在地（图4-3-11、图4-3-12、图4-3-13）。

【要领解析】抱膝时，后腿要用力蹬地，上体前送。

图 4-3-10

图 4-3-11

图 4-3-12

图 4-3-13

四、拉颈压摔

【动作说明】实战中，敌我双方对峙（图 4-3-14）。我主动进攻，突然左脚上步蹿进，伸出右手向下搂拉对手脖颈，令其低头俯身（图 4-3-15）。随即，我迅速反应，双手同时抱住其上体，双手扣搭，紧紧扼住，同时用胸部用力向下压住其头部（图 4-3-16）。继而，前腿向后撤回一步，上身快速前俯，同时双臂用力勒紧，重心前移、下沉，利用整个身体的重量将对手压倒在地（图 4-3-17）。

【**要领解析**】撤步、俯身、
搂抱这一系列动作要求完成得
连贯、敏捷，出其不意。双臂
锁抱一定要牢固，上体务必紧
紧贴靠在对手后背上，令其无
法逃脱。利用身体向前栽扑的
惯性将对手扑倒，同时双腿用
力后蹬辅助发力。

图 4-3-14

图 4-3-15

图 4-3-16

图 4-3-17

五、提抱抛摔

【动作说明】实战中，敌我双方对峙（图4-3-18）。对手突然左脚上步，主动进攻，用左直拳击打我头部，见其下盘空虚，我迅速俯身前扑，躲开对手左拳的同时用左手拦腰将其抱住，右手抓抱住其左大腿内侧（图4-3-19）。继而挺胸抬头，双手同时用力将对手腾空抱起，然后转身将其重重抛出（图4-3-20）。对手倒地后，我迅速用右腿向下跪压其头颈

图 4-3-18

部，将其牢牢控制于地面，同时用右拳击打其面门，令其彻底屈服（图4-3-21）。

【要领解析】俯身前扑动作要快，反应敏捷，及时避开对手的袭击。搂抱要牢固、有力，抱起对手的瞬间要挺胸抬头，下盘要扎实，脚步站稳，拧腰转体摔出时周身整体发力，劲力通透。整个动作要求连贯协调，一气呵成。

图 4-3-19

图 4-3-20

图 4-3-21

六、后抱单腿撞摔

【动作说明】 实战中，敌我双方对峙（图 4-3-22）。对手主动进攻，抬起右腿踹击我肋部，我迅速闪身躲避，并用右拳向外勾截其踝关节，以化解其攻势（图 4-3-23）。趁对手半转身之际，我右脚快速上步，落于对手身后两腿之间，低头俯身，双手同时伸出，由后面抱住对手左腿，并用力后拉上提，右肩头猛撞对手臀部，令其身体重心失衡而向前跌摔（图4-3-24、图4-3-25）。

图 4-3-22

图 4-3-23

图 4-3-24   图 4-3-25

【要领解析】上步、俯身动作要快，出其不意，双手提拉与肩部的顶撞要配合协调，身体要有向前冲撞的意识。

第五章 桑搏地面缠斗技术

俄罗斯的格斗专家们认为，在徒手格斗过程中，击中或击倒对手，并不意味着取得了最终胜利，只有利用自身的优势将对手完全控制住或束缚，使其彻底丧失反抗能力，才能算是结束战斗。而这种最终令对手彻底屈服的技术，百分之七八十是在地面上进行和完成的，地面技术是整个格斗过程的终结和关键。

在俄罗斯传统的桑搏运动中，有大量的地面缠斗技法，现代的实战桑搏在诸多桑搏高手的实战过程中，进一步得到了继承和发展，使其技术特点更趋于实用性、科学性。

实战桑搏的地面缠斗技术，包括地面的缠与斗两个方面。其中缠就是利用肢体和地面的作用力来进行地面上的擒锁与控制，斗就是在地面上对对手实施各种打击，这也是实战桑搏地面技法与其他格斗术地面技法的区别所在。

地面缠斗一般会在以下三种情况发生：

1. 主动倒地诱敌深入；

2. 被动倒地地面反击；

3. 制伏摔倒对手后的进一步控制与打击。

第一节　地面缠斗主动攻击技术

实战应用例 1

【动作说明】实战中，我将对手制伏，令其跪于地面，我由其背后进攻，进一步实施地面打击，先抬起右臂，自后向前挥臂、屈肘，以前臂为力点横击对手咽喉，右臂夹紧、搂锁住对手喉颈部（图 5-1-1）。随即，我左臂屈肘向上抬起，肘尖搭靠于对手左肩头旁边，同时右手迅速抓住自己左上臂肘窝处，并用左肘窝夹紧右手（图 5-1-2）。继而，在右臂猛然向后回拉以锁卡对手喉结、脖颈的同时，左臂继续屈肘，左手内旋用力以掌心为力点向前推按对手后脑，双臂协同动作，令其因窒息而屈服（图 5-1-3）。而后，身体重心后移，臀部着地，抬起双腿，由两侧向前圈锁住对手下半身，同时双臂锁控住对手脖颈，随势向后仰躺，予以进一步控制（图 5-1-4）。

【要领解析】此势是利用右臂与左手交错发力，来控制压迫对手颈动脉，可导致其大脑供血不足、昏迷、休克，一旦得手，对方很难解脱。完成动作时，要求两臂同时发力，注意绞锁时右手一定要抓牢左臂肘窝。身体向后仰躺时，左手用力向下按压，右前臂向上提拉。

图 5-1-1

图 5-1-2

图 5-1-3

图 5-1-4

实战应用例 2

【动作说明】实战中，我主动将对手仰面摔倒在地，并迅速骑跨于对手身上，用右手紧紧抓住对手用于防范的右手腕部，抬起左拳威慑对手（图 5-1-5）。随即，我右手向上提拉对手左手腕部，左手由外向内自其肘弯处穿过，并牢牢抓握住自己右手腕部，右手向下按压，左前臂向上提拉，双手协同动作锁别其右臂肘部（图 5-1-6）。继而，双腿蹬地站起，重心上提，身体右转，左脚随转体抬起，经对手头部上方跨过，落步于对手头部左侧，低头俯身，双手锁别住对手左臂随势向右拧转（图 5-1-7）。上动不停，身体重心下沉，臀部向后着地，顶住对手右侧肩胛骨部位（图 5-1-8）。身体向后仰躺，双手揽住对手右臂肘关节的同时向后搬拉，以腹部为支点锁别其肩关节与肘关节（图 5-1-9）。

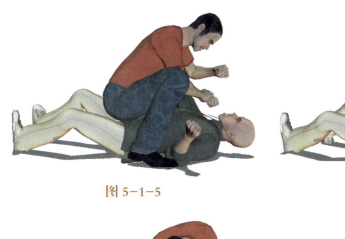

图 5-1-5

图 5-1-6

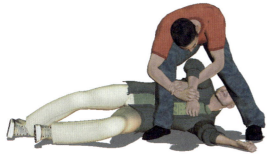

图 5-1-7

图 5-1-8

图 5-1-9

【要领解析】身体向后仰躺时，腹部一定要上挺，左腿要压控住对手头部，右腿压控住对手胸腹部，将其牢牢控制于地面。此势中运用的"十字锁"技法，是桑搏地面缠斗技术中的惯用技法，使用得当，威力巨大。

实战应用例 3

【动作说明】实战中，我将对手仰面摔倒在地之后，迅速抬起左拳向下击打对手面部，对手抬起左手反抗阻挠，我即伸出右手抓住其左手腕部（图5-1-10）。抓握对手左手腕部同时，我左拳继续向下击打对手面部（图5-1-11）。随即，我上体前俯，右手用力向下按压对手左手，将其牢牢压制于其肋部左侧地面上（图5-1-12）。继而，左手由对手左臂下方穿过，牢牢抓住自己右手腕部，上体左转，双手用力下压，左前臂向上抬起，双手协同动作以锁控其左臂肘关节（图5-1-13）。

图 5-1-10

图 5-1-11

图 5-1-12

图 5-1-13

【要领解析】俯身速度要快，锁控及时有力，上体要扑压于对手身上，防止对手就地滚动逃脱。

实战应用例 4

【动作说明】实战中，我将对手仰面摔倒在地之后，迅速抬起左拳向下击打对手面部，对手出于本能用左手向上招架托接我的拳头（图 5-1-14）。我左手内旋顺势抓住其左手腕部，并用力将其按压于对手头部左侧地面，同时俯身用上体压住对手右侧手臂与上体，使其无法滚动（图 5-1-15）。随即，右手快速由对手左臂下方穿过，紧紧扣抓

图 5-1-14

住自己左手腕部，然后上体右转，左手用力向下按压对手左手，右手用力按压自己左手腕部，右前臂配合向上用力抬起，在控制其手与腕关节的同时，对肘部予以控制和重创（图 5-1-16）。

图 5-1-15　　　　　　　　　图 5-1-16

【要领解析】按压对手上臂要利用上体前俯的力量，同时注意要令其左臂处于弯曲的状态。俯身速度要快，锁控及时有力，上体要扑压于对手身上，防止对手就地滚动逃脱。

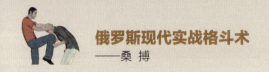
实战应用例5

【动作说明】实战中，双方交手，彼此皆处于地面缠斗状态，对手双膝跪地，我右腿单膝跪地位于对手身体右侧，我左臂迅速屈肘自后向前勾住对手右臂肘窝部位，同时右手以手刀劈砍对手后脖颈，率先予以打击（图5-1-17）。随即，右手内旋用力向下按压对手后脖颈，左手顺势抓住自己右手腕部，右前臂用力向上抬起，双手形成对其颈部的锁控状态（图5-1-18）。继而，身体向右拧转，上体前俯，令对手被迫前侧滚翻（图5-1-19）。对手倒地后，我双臂对其肩、臂、肘进行锁控，进一步可顺势躺压在对手身上，将其牢牢控制于地面（图5-1-20）。

图 5-1-17

图 5-1-18

图 5-1-19

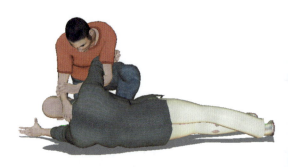

图 5-1-20

【要领解析】在实施锁控时，右手要始终牢牢扣按住对手后颈部，左手抓紧自己右手腕部，双手协同动作将其向怀里拉带。对手翻滚在地时，我要迅速将其压住，防止其就地翻滚、脱逃。

实战应用例 6

【动作说明】实战中，敌我双方进入了地面缠斗阶段，彼此面对面跪于地面，伺机而动。我抢先进攻，用双手同时由两侧向内击打对手双耳，力达掌心（图5-1-21）。随即，双手顺势搂抱住对手头部，用力向下拉扯，令其俯身低头（图5-1-22）。当对手头部向前低俯时，我略微起身，双腿向两侧张开，将对手

图 5-1-21

头部按夹于双膝内侧，双手牢牢按住对手后背，防止其逃脱（图5-1-23）。继而，左手自对手右腋下穿过，揽起对手右臂，左手配合环抱住其右臂，双手协同动作，合力锁控其右臂肘关节，同时身体向右转动，以左侧肩头扛别其右手腕部，

图 5-1-22   图 5-1-23

令其身体在地面上翻转（图5-1-24）。而后，身体继续向右拧转，双手扶地，身体略微撑起，双膝随势夹紧对手头部向右发力，拧其脖颈牢牢控制对手（图5-1-25）。

【要领解析】双手打击对手双耳，动作要突然。按压其头部要迅速，双膝一定要夹紧，防止其逃脱。身体的拧转要协调，整个动作连贯、顺畅。

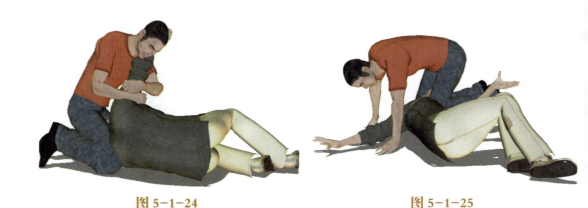

图5-1-24   图5-1-25

实战应用例7

【动作说明】实战中，我将对手仰面摔倒在地之后，迅速跃身骑跨在对手身上，挥起左拳，准备实施进一步打击（图5-1-26）。对手抬起左手防范招架，我迅速用左手抓住其左手腕部，并用力向下按压，俯身将其牢牢按压在对手头部左侧地面上，同时以左臂肘关节挤靠对手左侧颈部，右手扶地支撑（图5-1-27）。

图5-1-26

随即，右手由对手左臂肘关节下方穿过，牢牢抓住自己左手腕部，左手下压，右臂上抬，双手协同动作以锁别其左臂肘关节，最终令其丧失反抗能力（图5-1-28）。

图 5-1-27   图 5-1-28

【要领解析】俯身速度要快，锁控及时有力，上体要扑压于对手身上，防止对手就地滚动逃脱。

实战应用例 8

【动作说明】实战中，敌我双方对峙，我突然俯身用右手抓住对手左脚踝关节，同时左手按住对手左腿膝关节内侧（图5-1-29）。随即，身体向右拧转，左手向下按压，右手向上提拉，双手协同动作，搬控对手左腿，令其身体重心失去平衡而摔倒（图5-1-30）。对手倒地后，我右臂屈肘，右手由其左脚踝关节下方穿过，紧紧抓住自己左手腕部，左手用力下按，右臂向上提起，双臂协同动作锁控其腿部（图5-1-31）。继而，左脚跨过对手左腿，落步于身体左侧（图5-1-32）。而后，身体向后跌坐，重心后沉，臀部用力坐在对手胸腹部之上，上身向后仰，双臂进一步提拉对

图 5-1-29

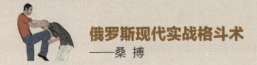
手左腿，将其牢牢控制住（图5-1-33）。

【**要领解析**】俯身控制对手腿部时，要注意防范对手对我头部的攻击。身体向后坐时，要将整个身体的重量施加于对手胸腔，予以重创。

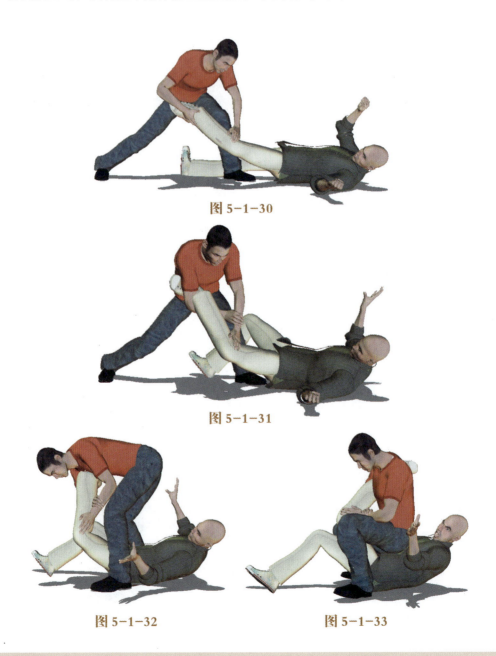

图 5-1-30

图 5-1-31

图 5-1-32   图 5-1-33

实战应用例 9

【动作说明】实战中，我由对手背后发起袭击，趁其不备，将其击倒，令其双膝跪地，我抓住战机向前扑跃，骑压于对手后背之上，同时用双手控制住对手的头部，可搬拧或卡掐（图 5-1-34）。随即，我身体左转，上体前俯，双手同时伸出，快速抓住对手左臂（图 5-1-35）。继而，身体继续左转，右脚随势抬起，绕过对手头部，落脚于对手头部左前方（图 5-1-36）。上动不停，身体突然右后转，身体前俯，左手牢牢抓住对手左臂，右手向前伸出扶地，右腿随势向右后方抬起摆动（图 5-1-37）。而后，身体借助惯性向前下方着地翻滚，左手再次抓牢对手左臂，同时右腿屈膝顺势向右后方勾夹对手颈部，令其重心失衡而身体向左侧翻滚（图 5-1-38）。我身体继续向右侧翻滚，仰面朝天时，左腿控制住对手胸腹部，右腿下压控制住其头部，双手协同动作，一并用力向后拉扯，腹部上挺，以腹部为支点别锁对手肩、肘部位，令其屈服（图 5-1-39）。

【要领解析】注意整个动作过程中，始终不要放弃对对手左臂的控制，不能让其松脱。右腿向右后方摆动，勾锁对手颈部时，要以大腿后侧为力点。整个动作要连贯、顺畅。

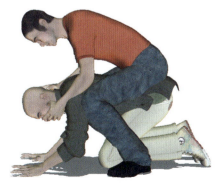

图 5-1-34

图 5-1-35

图 5-1-36

图 5-1-37

图 5-1-38

图 5-1-39

实战应用例 10

【动作说明】实战中，我右臂搂住对手脖颈，将其摔倒在地，形成对方仰面朝天，我斜侧身压靠于其身上之局面（图 5-1-40）。此时，我迅速右腿屈膝，令膝盖尽量靠近对手颈部，右手由对手脑后扣住自己右大腿内侧，左手顺势抓住对手右臂（图 5-1-41）。随即，左手抓拧对手右手腕部，将其翻转为手心朝上，并以右大腿为支点用力向下按压，同时右脚向上抬起（图 5-1-42）。上动不停，迅速将对手右前臂反关节卡夹于我右膝弯内，右脚继而向下压别，以达到别锁对手右臂肘关节的目的（图 5-1-43）。

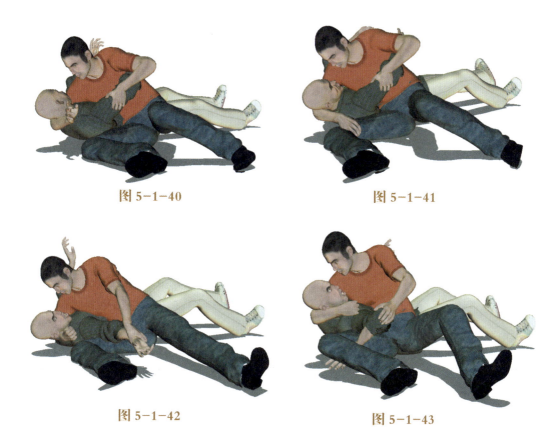

图 5-1-40　　　　　　　　　　　图 5-1-41

图 5-1-42　　　　　　　　　　　图 5-1-43

【要领解析】倒地瞬间，右腿一定要屈膝，锁控对手右臂的动作要连贯灵活，上下肢要配合协调。

实战应用例11

【动作说明】实战中，我趁对手不备，将其仰面掀翻在地，然后迅速跃身骑坐在对手身上，准备进一步控制与打击（图 5-1-44）。对手出于反抗，挣扎着用左拳击打我胸部，我顺势用左手向下抓住其左手腕部，阻挡其反抗（图 5-1-45）。同时右手由对手左侧胸前、肘窝内侧穿过，紧紧扣抓住自己左手腕部，双手锁定其左臂（图 5-1-46）。继而左手外旋，用力向前下方扣压，右前臂配合向上抬起，双手协同动作别锁其腕关节（图5-1-47）。

【要领解析】注意在别锁过程中，要用腹部牢牢顶住对手左臂肘部，双手锁控要牢固、有力，同时注意双腿要控制住对手的躯干，防止其就地滚动而逃脱。

图5-1-44

图5-1-45

图5-1-46

图5-1-47

实战应用例12

【动作说明】实战中，我背后袭击对手，令其双膝跪地，并迅速骑跨于其背上（图5-1-48）。对手出于反抗，挣扎着起身，我迅速用左手向下抓住对手左手腕部，并用力回拉，右脚向上抬起，跨过对手头部，落脚于对手左手下方，以右侧大腿向下压别其左臂肘关节，挥动右拳击打对手后脑（图5-1-49）。随即，身体左转，双手揽抱住对手左手臂，一并向上提拉，臀部向后下坐，交错施加力量以折断其肘关节（图5-1-50）。继而身体重心后沉，上体后仰，双手用力搬拉，仰身倒地的瞬间，双腿屈膝锁控住对手左上臂及上体，以臀部为支点别锁对手肩关节（图5-1-51）。

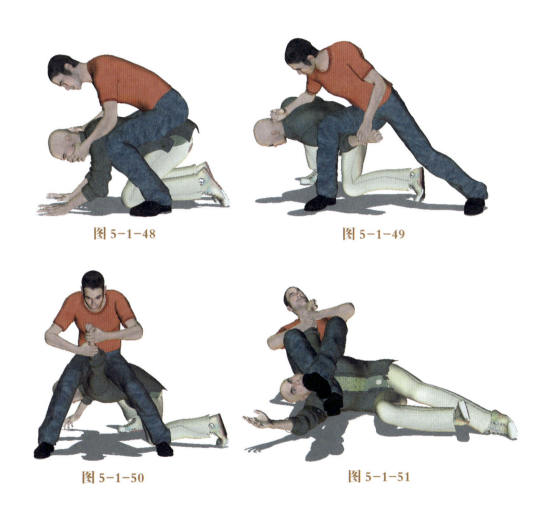

图 5-1-48

图 5-1-49

图 5-1-50

图 5-1-51

【要领解析】此势可以连续对对手的肘关节与肩关节进行控制打击，实施时动作要连贯，切勿犹疑、脱节。

实战应用例13

【动作说明】实战中，我趁对手不备，将对手仰面掀翻在地，其倒地瞬间，我迅速跃起，扑压在对手身上（图5-1-52）。对手急于反抗，抬起右拳打击我头部，我迅速用右手抓住对手右手腕部，并用右肘和前臂部位压住对手左前臂，防止其连续进攻（图5-1-53）。随之右手用力向右侧牵拉对手右手，将其牢牢按压在对手头部左侧（图5-1-54）。对手因疼痛会本能地抬头，颈下露出空当，我左臂迅速屈肘，由对手脖颈后方穿过，勾住其颈部（图5-1-55）。随即，我用左手牢牢抓住对手右手腕部，同时右手由对手右肘关节下方穿过，紧紧扣按住对手右肩头，以右前臂尺骨用力向下挤压对手咽喉，令其彻底失去抵抗能力（图5-1-56）。

图 5-1-52

图 5-1-53

图 5-1-54

图 5-1-55

【要领解析】整个动作过程中，对对手右手腕部的控制是关键，绝对不能松懈，要将其始终掌控在自己手中。利用前臂尺骨向下挤压对手咽喉时，上体要尽量前俯，以助发力。

图 5-1-56

实战应用例 14

【动作说明】实战中，我趁对手不备，将对手仰面掀翻在地，其倒地瞬间，我迅速跃起，扑压在对手身上（图 5-1-57）。对手挣扎着要翻身起来，我左臂迅速屈肘，由对手脖颈后方穿过，勾住其颈部，胸部下压，将其上肢双臂牢牢控制住（图 5-1-58）。随即，我用右手肘向下牢牢按住对手右侧肩头（图 5-1-59）。继而，我右臂屈肘，以尺骨为力点用力向下挤压对手咽喉，双臂协同动作，对其颈部进行控制（图 5-1-60）。

图 5-1-57

图 5-1-58

图 5-1-59

图 5-1-60

【要领解析】锁控时右手一定要使劲按压对手右肩，防止其起身，右前臂尺骨向下挤压时，身体尽量前俯，以助发力。

实战应用例 15

【动作说明】实战中，我占据主动，将对手仰面掀翻在地，其倒地瞬间，我迅速跃起，扑压在对手身上（图 5-1-61）。对手倒地后，出于本能将挣扎起身，在其抬头瞬间，我右臂屈肘顺势由对手脑后穿过，揽住其脖颈（图 5-1-62）。对手抬起右拳袭击我头部，我迅速用左手拦截、推挡其右前臂，右臂进一步勒紧对手颈部（图 5-1-63）。随即，左手用力将对手右臂按压至对手头部左侧，上体前俯，以身体压住对手右上臂，并用左手牢牢抓住自己右手腕部，双手合力锁紧对手颈部（图 5-1-64）。

图 5-1-61

图 5-1-62

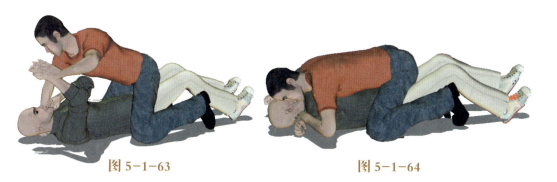

图 5-1-63 图 5-1-64

【要领解析】此势锁控的原理是借用对手的手臂卡压其咽喉，我双臂一定要死死勒紧，才能达到预期效果。同时上体要牢牢压住对手的身体，头部配合顶压对手头部，令其无法滚动。

第二节　地面缠斗被动反击技术

实战应用例 1

【动作说明】实战中，处于主动或者被动情况下，我双膝着地，对手上步由背后扑来，并伸出右臂，屈肘欲勾锁我颈部（图 5-2-1）。此时，我迅速用右手抓住对手右前臂及腕部，左手抓住对手右拳，同时上体迅速左转，重心右后移，头部由对手腋下转出，右腿屈膝，右侧臀部与右腿随势着地，左腿屈膝外旋，以膝盖磕挡对手上步的右腿膝关节位置（图 5-2-2）。随即，双手用力向左上方搬拧对手右臂，左手向右推，右手向左推，双手协同动作拧别其右臂肘关节，导致其肘、肩关节受损的同时身体重心向前栽倒，同时左腿配合上肢动作，挺膝直腿猛踹对手左腿踝关节内侧（图 5-2-3）。上动不停，我身体向右侧翻滚，令对手前滚翻摔倒之后，迅速以右手扶撑地面，左手向回拉抻对手右手，将其臂肘抻直，左腿顺势屈膝提起，以膝盖向上磕撞其肘关节外侧（图

5-2-4）。继而，我身体重心前上移，
起身抬左脚向对手头部前方落步，左手
牵动对手右臂，令其身体翻滚，在落步
的过程中，可以用右膝盖跪压对手右侧
肋部，或者用左脚脚后跟磕踢对手面部
（图5-2-5）。上动不停，左脚落步、
踏实，右脚随之抬起，落步于对手腹前，
右手顺势搂抓住对手右臂（图5-2-6）。
而后，身体重心下沉，臀部向后着地，

图 5-2-1

图 5-2-2

图 5-2-3

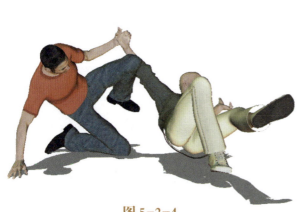

图 5-2-4

图 5-2-5

顶住对手右肩胛骨部位，身体后仰，双手揽住对手右臂肘关节同时向后搬拉，以腹部为支点锁别其肩关节与肘关节（图 5-2-7）。

【要领解析】抓握对手右臂要及时，掌握好时机，不能让对手锁颈得逞，头部要迅速移出。锁别对手右侧肩关节时，左腿要压控住对手头部，右腿压控住对手胸腹部，将其牢牢控制于地面。整个动作要求连贯协调，丝丝入扣。

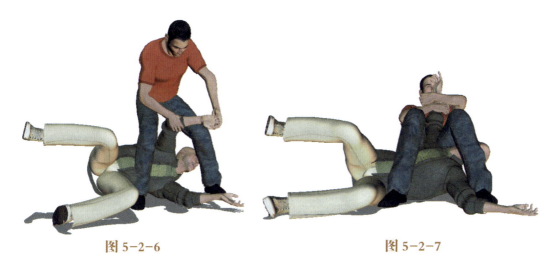

图 5-2-6　　　　　　　　　　　　图 5-2-7

实战应用例 2

【动作说明】实战中，对手趁我不备，突然俯身前冲，伸出双手抱住我双腿，用力将我掀翻在地（图 5-2-8）。在我倒地瞬间，对手猛然前扑，伸出双手欲卡掐我咽喉，我迅速提臀，双腿屈膝抬起，两大腿交错夹住对手腰部，将其牢牢钳住，防止其骑压我上身，同时用双手抓住对手双手腕部，用力向两侧拉扯，以缓解其攻击力度（图 5-2-9）。对手双手被用力向两侧拉扯，会导致其上体前俯，我双手继续拉扯的同时，将双腿向上抬高，进一步锁夹住对手的头颈部，双腿牢牢夹紧，膝关节内扣，以大腿与膝盖挤别对手双臂肘关节（图 5-2-10）。随即，身体迅速向一侧翻滚，将对手由身上掀翻，继而可对其实施进一步的打击和控制（图 5-2-11）。

图 5-2-8

图 5-2-9

图 5-2-10

图 5-2-11

【要领解析】注意倒地时要做好自我保护，上体要快速前屈，切忌用后脑着地。双腿夹锁要牢固、有力。翻身滚动迅速、突然，整个身体用力缩抱成一团。

实战应用例 3

【动作说明】实战中，对手抓住我下盘的漏洞，突然俯身前冲，伸出双手抱住我右腿，并用力向上提拉，欲将我掀倒，我迅速张开右臂，屈肘将对手颈部夹住、锁紧（图 5-2-12）。继而，右脚顺势向上勾踢对手裆部，身体向后翻滚，主动仰摔在地（图 5-2-13）。上动不停，右腿继续用力向后勾对手裆部，同时右臂肘关节锁夹住对手脖颈不放，令其身体继续后滚翻（图 5-2-14）。周身上下整体发力，瞬间将对手由我身体上方摔过，我身体随之向后翻滚，骑跨于对手身上，翻滚过程中右臂始终锁住不放，利用翻滚的力量，可将对手控制，令其彻底屈服（图5-2-15）。

图 5-2-12　　　　　　　　　　图 5-2-13

图 5-2-14　　　　　　　　　　图 5-2-15

【要领解析】右腿勾踢对手裆部，一是为了打击其生殖器要害部位，二是为了将对手的身体撬起来，这个向上撬动的力量，主要来源于身体向后的滚动。滚动过程中，要注意右臂应该始终夹紧对手的脖颈不放松，后滚翻接骑跨动作要连贯、自然。

实战应用例 4

【**动作说明**】实战中，处于主动或者被动情况下，我双膝跪地，对手左脚上步由右后方扑来，同时以右摆拳袭击我头部，我迅速屈肘抬起右臂，以前臂尺骨为力点向外磕挡对手右上臂内侧，同时以右拳拳背崩打其头颈部（图 5-2-16）。随即，上体向右侧俯身，头部由对手右腋下钻过，右臂沿对手右臂下滑，对手右拳由于运动惯性继续做弧线运动（图 5-2-17）。我随即右臂屈肘向右下方摆动，以前臂尺骨为力点击打对手右腿膝盖下方部位，令其重心不稳而扑扶在我肩背上，同时我抬起左臂，将对手右前臂用力夹住（图 5-2-18）。继而，左臂屈肘向下夹压，右臂向上抬举，上体向左侧倾斜，周身发力将对手过

图 5-2-16

图 5-2-17

图 5-2-18

图 5-2-19

身摔倒在地（图5-2-19）。对手倒地后，我右手迅速抓按住其右臂肘部，左手抓住自己右臂，双臂协同动作，别锁其右臂肘部（图5-2-20）。而后，右手再向右下方捋抓对手右手腕部，并将其按压于地面，同时左手成手刀，以掌刃为力点向左下方砍击对手右侧脖颈部位（图5-2-21）。上动不停，左手翻腕成爪，用力向后拉扯对手下颌，同时左侧膝盖顶住对手右肩，右手向右后方拉扯其右手腕部，对其肩部实施进一步打击（图5-2-22）。接下来，在左手将对手的下颌拉展开，迫使其头部后仰之时，右手迅速成手刀，猛砍其颈部喉结（图5-2-23）。

【要领解析】这是一连串的跌摔、擒锁与打击技法的巧妙应用，要求实施者动作圆熟，技术娴熟，制伏对手的过程出神入化，令人目不暇接。

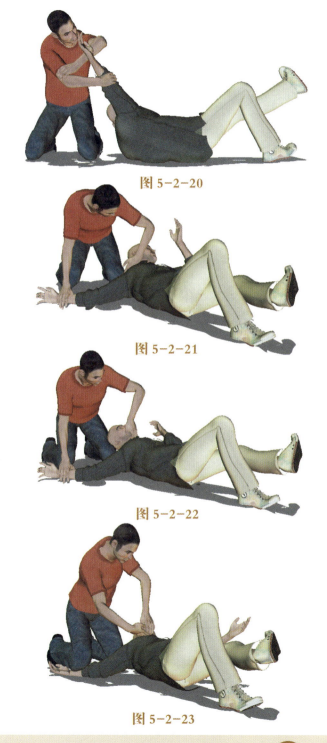

图 5-2-20

图 5-2-21

图 5-2-22

图 5-2-23

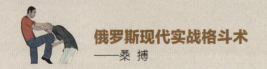
实战应用例 5

【**动作说明**】实战中，对手俯身伸出双手，欲扑抓我双腿，打算将我掀翻在地，我趁对手俯身之际，双手抓住其肩背，双脚蹬地腾空跃起，骑跨于对手头颈部上方（图5-2-24）。随即，身体重心用力下沉，双手用力下拉对手身体，同时双腿圈锁住其颈部及上体，并用力向右绞剪，瞬间将对手重心平衡打破，将其掀翻在地（图5-2-25）。继而，我身体着地，并向右侧翻滚，双腿用力夹紧使对手被迫在地面滚动（图5-2-26）。我用双手撑住地面，继续向右侧滚动，将对手身体翻至仰面朝天状态（图5-2-27）。而后，双腿锁住对手颈部，继续向右侧滚动，瞬间可将对手降伏（图5-2-28）。

图 5-2-24

图 5-2-25

图 5-2-26

图 5-2-27

【要领解析】双腿夹住对手颈部后，就马上向右侧翻滚，滚动过程不能间断，双腿一定要夹紧，防止其挣脱。充分利用双腿交错的拧转力量控制对手脖颈部位。

图 5-2-28

实战应用例6

【动作说明】实战中，我处于被动势态，被对手扑倒在地，对手用双手抓按住我双肩，准备对我实施进一步打击和控制，我双臂屈肘护抱于胸前，伺机反抗（图5-2-29）。在对手双手用力下压的瞬间，我双臂同时内旋，双手抓住对手两腕部，一并用力向两侧拉扯，以达到破坏其后续动作之目的（图5-2-30）。随即，我身体迅速向左转动，左手抓住对手右前臂，右手松开对手左手腕部，随势屈肘夹抱住对手右臂肘关节（图5-2-31）。继而，右手抓住自己左手腕部，双臂牢牢锁控住对手右臂肘关节，身体随即向右侧翻滚，双手协同动作，将对手右臂向上翻折，瞬间可将其由自己身上掀下去，以达到制伏对手之目的（图5-2-32）。

【要领解析】双手锁控要牢固、有力，注意身体的翻转动作要突然且灵活，双臂与身体的动作要配合协调、顺畅，才能达到变被动为主动的目的。

图 5-2-29　　　　　　　图 5-2-30

图 5-2-31

图 5-2-32

实战应用例 7

【动作说明】实战中，我处于被动势态，被对手扑倒在地，对手跪于我身后按住我后背，致使我无法起身（图 5-2-33）。我突然低头俯身，伸出右手，自裆下穿过，搂抓住对手下跪的左腿，同时身体向前翻滚（图 5-2-34）。翻滚同时双腿伸展，锁夹住对手左腿，在对手被我翻转仰面朝天时，双手控制住对手左小腿（图 5-2-35）。随即，右手快速插入对手左腿膝窝处，左手用力按压其左小腿，双臂协同动作，对其左腿膝关节进行锁控（图 5-2-36）。进一步还可以抬起双脚夹住其左小腿，锁控力度将更大，对其创伤也更大。

【要领解析】身体向前翻滚时，左手要牢牢抓住对手左腿大腿后侧，借助身体的滚动将对手掀翻，进一步的锁控动作要连贯协调。

图 5-2-33

图 5-2-34

图 5-2-35   图 5-2-36

实战应用例 8

【动作说明】实战中，我不慎被对手仰摔在地，对手为了对我进行进一步打击，迅速由我两腿前方扑压过来、撕扯我胸部，为了减小对手的打击力度，我迅速双腿屈膝、并拢，以膝盖顶撞对手腹部，令其双腿屈跪于我两腿之间，以缓冲其对我上体的压力（图 5-2-37）。随即，我左臂屈肘、内旋，将对手双手手腕扣压在胸前，同时挥动右拳向右上方击打对手右侧颈部，令其遭受重创（图 5-2-38）。继而，右臂内旋、屈肘，由对手头部后方反圈住其脖颈，并用力向怀内揽抱，同时左手由对手颈下穿过，牢牢抓住自己右手腕部，双手同时用力向上提拉，以锁控对手颈部（图 5-2-39）。而后，可以将双膝向外展开，用双腿夹捆住对手双腿（图 5-2-40）。进一步可以向一侧翻滚身体，将其置于身下。

图 5-2-37   图 5-2-38

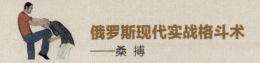

图 5-2-39　　　　　　　　　　　　　图 5-2-40

【要领解析】双臂夹锁要有力，加上腿部的锁控，可以牢牢捆住对手，令其无半点反抗余地。

实战应用例 9

【动作说明】实战中，我不慎被对手仰摔在地，对手为了对我进行进一步打击，迅速由我两腿前方扑压过来、用双手卡掐我咽喉。为了减小对手的打击力度，我迅速双腿屈膝、并拢，以膝盖顶撞对手腹部，令其双腿屈跪于我两腿之间，以缓冲其对我上体的压力（图 5-2-41）。在对手扑下的一瞬间，我迅速左臂屈肘、内旋，以前臂尺骨为力点磕砸对手双手腕部，同时右拳向上出击，打击对手头颈部（图 5-2-42）。对手出于本能，势必仰头躲避，我迅速向上抬起左脚，勾锁住对手下颌、咽喉部位，双手顺势揽抓住对手右臂（图 5-2-43）。随即，左腿用力向左下方下压，令对手身体翻转（图 5-2-44）。对手身体被迫形成仰面朝天之势态，我左腿继续下压，控制住对手头部，右腿随势控制住

图 5-2-41　　　　　　　　　　　　　图 5-2-42

其上体胸腹部，双手同时用力向后拉扯，以腹部为支点顶别对手肩、肘关节部位，以将其彻底制伏于身下（图5-2-45）。

【要领解析】整个控制动作过程中，双手要牢牢抓住对手右臂，腿部的动作要凶猛、有力。

图5-2-43　　　　　　　　　　　图5-2-44

图5-2-45

实战应用例10

【动作说明】实战中，处于主动或者被动情况下，我双膝跪地，对手上步由背后扑来，并伸出右臂，屈肘欲勾锁我颈部（图5-2-46）。此时，我迅速俯身低头，臀部向上用力撅起，令对手重心失衡，身体随之前俯（图5-2-47）。随即，我上身继续向前下方低沉，导致对手由我背上翻过，仰面摔倒在地（图5-2-48）。对手倒地瞬间，我右臂屈肘用腋窝夹紧对手右臂，右手按住其右侧肩头，对其实施别锁，同时左手握拳顺势击打对手裆腹部要害（图5-2-49）。

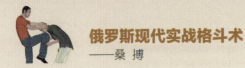
继而，身体向左拧转，左臂屈肘，以肘尖为力点向左下方磕击对手面部，予以连续打击（图5-2-50）。

图 5-2-46

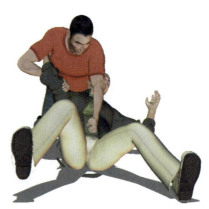

图 5-2-47

图 5-2-48

图 5-2-49

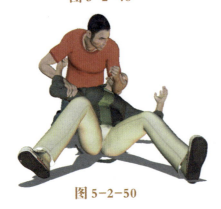

图 5-2-50

【要领解析】俯身低头速度要快，并用下颌夹住对手右臂，上肢也可以配合抓按住对手的手臂。将对手过背摔倒后，左手的进一步连续打击要及时、到位。

实战应用例 11

【动作说明】实战中，处于主动或者被动情况下，我双膝跪地，对手上步由背后扑来，并伸出右臂，屈肘欲勾锁我颈部（图5-2-51）。我迅速向右拧转身体，身体重心向后移动，臀部着地，闪身避开对手的进攻（图5-2-52）。对手由于用力过猛，身体势必会摇晃，重心不稳，我顺势伸出右手抓住对手左手腕部，用力向后牵拉，同时双脚猛然蹬踏其双脚（图5-2-53）。迫使对手身体丧失平衡，跌摔于我体侧（图5-2-54）。对手倒地瞬间，我迅速团身，双手拉住对手左臂，借助对方的力量，就地旋转（图5-2-55）。身体旋转停止时，左腿由对手左臂下方穿过，下压控制住对手上体胸腹部，右腿顺势控制

图 5-2-51

图 5-2-52

图 5-2-53

图 5-2-54

住其头部，双手同时用力向后拉扯，以腹部为支点顶别对手肩、肘关节部位，以将其彻底制伏于身下（图5-2-56）。

【要领解析】躲闪要及时，牵拉对手手臂时，腿脚一定要同时出击，破坏对手的重心平衡，才能轻易摔倒对手。对手倒地后，我于地面上的旋转滚动要自然流畅。

图5-2-55   图5-2-56

实战应用例12

【动作说明】实战中，对手趁我不备，突然俯身前冲，伸出双手抱住我双腿，用力将我掀翻在地（图5-2-57）。在我倒地瞬间，对手猛然前扑，伸出左手欲卡掐我咽喉，同时用右拳击打我头部，我迅速提臀，双腿屈膝抬起，两大腿交错夹住对手腰部，将其牢牢钳住，防止其骑压我上身，同时用左前臂向外格挡其右拳，右手抓按住其左手腕部（图5-2-58）。随即，我左手迅速屈肘搂住对手脖颈部位，并用力向头部左侧回拉，同时右手抓住其左手向右上方推撑，将其手腕从我胸前移开（图5-2-59）。继而，上体弯曲，右手牢牢抓住对手左手腕部，左手由对手左上臂后侧插入，经其肘窝穿过，抓住自己右手腕部，双臂协同动作以锁控其左臂肘部，双腿配合夹紧对手腰部，令其无法逃脱，继而可以向左侧翻滚，以彻底制伏对手（图5-2-60）。

【要领解析】提臀动作要快，双腿夹腰要牢固、有力，双手锁控对手左臂肘部动作要协调，配合一致。

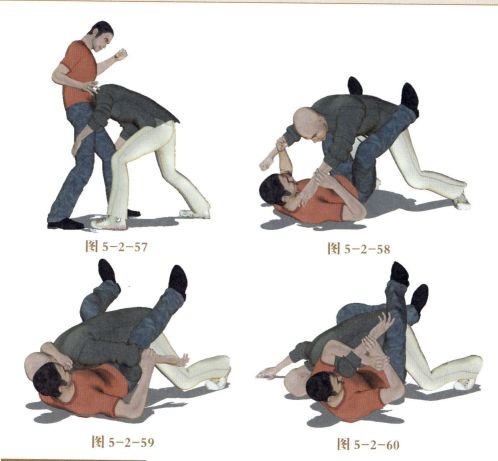

图 5-2-57　　　　　　　　　　　　　图 5-2-58

图 5-2-59　　　　　　　　　　　　　图 5-2-60

实战应用例 13

【动作说明】实战中，处于主动或者被动情况下，我双膝跪地，对手上步
由背后扑来，并伸出右臂，屈肘欲勾锁我颈部（图 5-2-61）。我迅速重心下
沉，身体向左拧转，头部由对手腋下闪过，避开对手右臂，令其进攻落空（图
5-2-62）。随即，快速用右手抓住对手右臂肘部，使劲向其裆部方向推撑，左
手同时伸至对手身后推撑其臀部，双手交错用力，双脚配合上肢动作一并踩住
对手左脚踝关节部位（图 5-2-63）。对手由于身体重心不稳，上体将向前栽倒（图
5-2-64）。我上下肢协同动作，瞬间可将对手向前摔倒（图 5-2-65）。对手
仰面倒地的一刹那，我迅速用左手扣抓住对手下颌或者颈部，同时右拳以拳轮
为力点用力向下砸击对手胸腔，予以打击（图 5-2-66）。

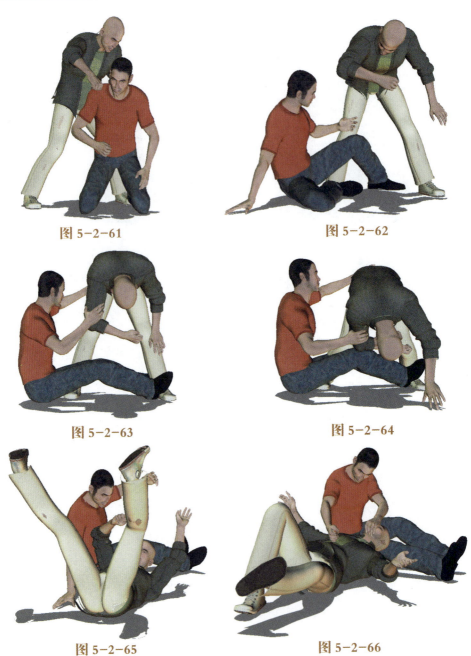

图 5-2-61

图 5-2-62

图 5-2-63

图 5-2-64

图 5-2-65

图 5-2-66

【要领解析】身体的转动、躲闪要敏捷灵活。摔倒对手的关键在于双手交错用力，上下肢配合动作。地面的进一步打击要连贯、及时，防止对手就地滚动、逃脱。